复杂经济学：复杂性科学在经济系统中应用

COMPLEXITY ECONOMICS：
APPLICATION OF COMPLEXITY SCIENCE IN ECONOMIC SYSTEM

徐德顺　著

中国商务出版社
·北京·

图书在版编目（CIP）数据

复杂经济学：复杂性科学在经济系统中应用 =
COMPLEXITY ECONOMICS：APPLICATION OF COMPLEXITY
SCIENCE IN ECONOMIC SYSTEM / 徐德顺著. ―― 北京：
中国商务出版社, 2024.12. ―― ISBN 978-7-5103-5486
-1

Ⅰ.F0
中国国家版本馆CIP数据核字第2024PB8502号

复杂经济学：复杂性科学在经济系统中应用

COMPLEXITY ECONOMICS: APPLICATION OF COMPLEXITY SCIENCE IN ECONOMIC SYSTEM

徐德顺 著

出版发行：中国商务出版社有限公司
地　　址：北京市东城区安定门外大街东后巷28号　　邮编：100710
网　　址：http://www.cctpress.com
联系电话：010-64515150（发行部）　　　010-64212247（总编室）
　　　　　　010-64269744（商务事业部）　010-64248236（印制部）
责任编辑：郭舒怡
排　　版：廊坊市展博印刷设计有限公司
印　　刷：北京建宏印刷有限公司
开　　本：710毫米×1000毫米　1/16
印　　张：11　　　　　　　　　　**字　数：**201千字
版　　次：2024年12月第1版　　　**印　次：**2024年12月第1次印刷
书　　号：ISBN 978-7-5103-5486-1
定　　价：79.00元

作者简介

徐德顺，江苏泰州人，商务部国际贸易经济合作研究院研究员。天津大学系统工程专业博士研究生毕业，工学博士，曾就读于南京审计大学金融学院金融专业、北京大学经济学院金融学专业、北京外国语大学英语专业等。曾在中国人民银行分行、北京大学中国信用研究中心等工作。研究方向：全球经济金融治理。近10年，独立撰写的数十篇内部报告获领导批示或被上级采用，获商务科研教育类奖项多个，主持省部级以上课题10余项，公开发表文章100余篇，其中被SCI、CSSCI、EI等收录20余篇，著有《世界是不平的——基于当代国际经贸与金融热点问题思考》（2023年出版）、《全球数字贸易发展及规则变更》（2022年出版）等。

内容提要

复杂经济思想很早就存在于人类社会生活中，复杂经济学真正进入人们视野始于20世纪90年代。基于非线性、模糊性、混沌性等不确定思想的复杂经济学，更能较好地解释复杂的世界经济现象和更能控制管理世界经济活动，逐渐受到市场青睐和被政府广泛接受，逐步走向经济学舞台的中央。本书系统阐释了复杂经济学的基础知识，介绍了"老三论"（系统论、信息论、控制论）、"新三论"（耗散结构论、协同论、突变论）、"又新两论"（运筹学、混沌学）与复杂经济学的相关性，初步提炼了复杂经济学的理论体系与方法论，以及复杂性科学在经济系统中应用的大量案例。本书交叉学科特征明显，定位为科普类图书，专业性强，可读性强，有创新性。国内同类书籍尚不多见，本书抛砖引玉，期望更多的人关注和研究复杂经济学。本书适合公务员、企业管理者和科研工作者参阅，适合经济类、管理类和工程类研究生参阅，适合希冀拓宽知识面的普通大众参阅。

当今世界经济面临的问题，有市场失灵问题，有政府失灵问题，也有理论失灵问题。从亚当·斯密（1723—1790）、大卫·李嘉图（1772—1823）等人开创古典经济学和约翰·穆勒（1806—1873）、卡尔·门格尔（1840—1921）、阿尔弗雷德·马歇尔（1842—1924）等人开创新古典经济学以来，"标准经济学"对人类经济发展做出了巨大贡献，但因其有严格的假设条件，将复杂经济现象简单化、理想化，因而解释"世界经济怎样运行"和"世界经济应该怎样运行"有时显得力不从心。其中，确定性思想是"标准经济学"理论失灵的根源。

复杂经济学基于非线性、模糊性、混沌性等不确定思想，放宽了假设条件，因而更能较好地解释复杂的世界经济现象和更能控制管理世界经济活动，越来越受到市场青睐和被政府广泛接受，且逐渐走向经济学舞台的中央。复杂经济思想其实很早就客观存在于人类社会生活中，而且这一思想也散见于"标准经济学"。阿尔弗雷德·马歇尔 1920 年曾经说过，经济学应当接近生物学而非力学，只因生物学难以用数学描述，才借用力学的表达，但经济学家头脑中应有生物学的观念。二十世纪七八十年代，中国著名学者钱学森主张将复杂性科学应用到经济系统中去。20世纪80年代，美国圣塔菲研究所成立，专门从事这类研究，成为当今最负盛名的复杂经济研究机构之一。复杂经济学真正进入人们视野始于 20 世纪 90 年代，在国内外目前尚处于开创期和成长期。

本书创作之初，原本计划以专业性为主。然而，在创作过程中，作者一方面感到力不从心，感到自己掌握的专业知识不足以支撑向广度纵深研究，早在 20 年前中国著名学者、研究经济问题的物理学家陈平教授就已经出版了《文明分岔、经济混沌和演化经济动力学》。另一方面，作者认为，著书的目的是传播知识，让更多的读者分享作者的研究心得，遂把本书定位于科普类读物。第 1 章以世界三大经济事件告诉读者，复杂经济学其实并不陌生，复杂经济学就在你身边。第 2 章帮助读者叩开复杂经济学基础之门，阐释了复杂系统、复杂经济系统、复杂经济学的基础知识。第3章以理论和案例的方式，阐释了"老三论"即一般系统论、控制论、信息论与复杂经济学的相关性。第4章和第5章，以第3章同样的体例，分别阐释了"新三论"即耗散结构论、协同论、突变论和"又新两论"即运筹学、混沌学分别与复杂经济学的相关性。通过第3、4、5章，读者能够感受到复杂性科学和复杂经济学的博大高深。第6章是本书的主要创新之处，作者初步系统地提炼了复杂经济学的理论体系与方法论，形成了包含十六把"钥匙"的复杂经济学理论体系，构成了十二种从一般到特殊的复杂经济学方法论体系。个中观点，或有偏颇，期望引起读者共鸣与争论。第7章以二十个具体案例，诠释复杂性科学在经济系统不同领域中的应用场景。第8章以综合案例，从发现问题、分析问题和解决问题入手，启迪读者走进复杂经济学。基于作者之前的研究成果，重点阐述复杂经济学研究的思路和方法。需要强调的是，虽说本案例综合应用了复杂经济学的相关知识，但具体被应用的复杂性科学也只是冰山一角。

本书交叉学科特征明显，专业性强，有作者多年的深邃思考和一定的创新贡献。本书定位为科普类图书，案例多，可读性强。本书重在传播复杂性科学和复杂经济学方面的思想、理念、技术、知识等，期望更多的人士特别是经济界人士，增强复杂系统思维，增强分析研判和控制管理复杂经济系统的能力。期望本书成为党政领导干部抓经济的好帮手，成为公务员服务经济的好助手，成为企业家决策的参考工具，成为经济类、管理类和工程类科研工作者和研究生的参考资料，成为希冀拓宽知识面的普通大众的参考读物。

路漫漫其修远兮。本书抛砖引玉，期望更多的人认识复杂经济学，走进复杂经济学，研究复杂经济学。

徐德顺

2024 年 9 月于北京

目　录

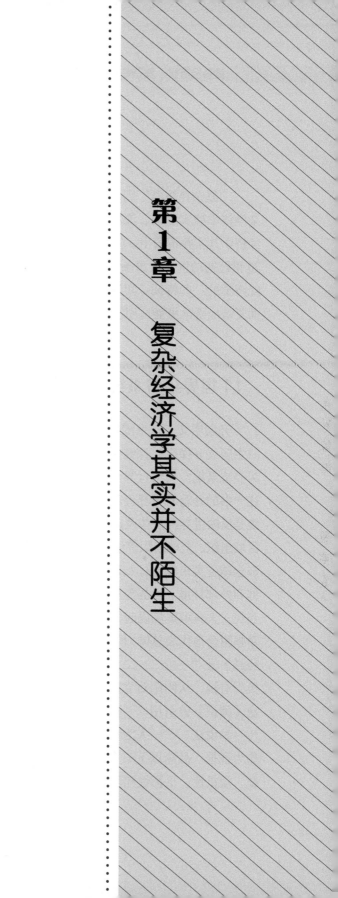

第 1 章

复杂经济学其实并不陌生

　　"复杂经济学"因其前面冠以"复杂"二字，让人感到深不可测。复杂经济学确实复杂、深奥，然而并不是不可测，也未必是那么神秘。复杂经济学其实并不陌生，它一直就在我们身边。从18世纪的第一次工业革命、20世纪初的世界大萧条和当代新加坡经济奇迹三大案例中，可以窥见复杂经济学的一些特征。实践表明，传统的"标准经济学"有时过于理想化，而复杂经济学更能适用复杂的世界，所以它受到越来越多的人青睐。

1.1 世界经济系统充满复杂性，复杂经济学就在身边

　　开宗明义，全书围绕复杂经济学，即复杂性科学在经济系统中应用这一主题展开探究。探究伊始，需要厘清最基本的相关概念。何为系统？何为经济系统？何为世界经济系统？随后的第2章，会从专业的角度专门阐述。书的开篇对世界经济系统的理解和解释，可粗略地认为，世界经济系统是反映世界经济体及运行机理的抽象的复杂集合体，是不同国家和地区、区域组织、全球组织等组成的相互联系相互依赖共同运动的经济有机整体，涉全球各类市场主体和政府，涉宏观经济与微观经济范畴，涉经济体的内部和外部环境。世界经济系统属于复杂巨系统，充满高度复杂性。从近现当代三大典型案例说起，可见复杂的经济现象充斥全球时空。这里以"三"牵强附会地代表总体，同时释放个中哲理。"三"是个神奇的数字，老子《道德经》云"一生二，二生三，三生万物"，表达了宇宙的演化过程，从无极到有极，从阴阳对立到和谐统一，最终生成了复杂多样的万物。唐代韩愈《师说》曾引用，"孔子曰：三人行，则必有我师焉"。中国民间还流传一种说法，"一人为私，二人为公，三人为证"，指三个人的证词可以作为证据。品味以下三个案例，可粗略领悟复杂经济系统众多特征之三特征，随机性、平衡性和环境反馈性。

1.1.1 "工业革命"缘于个人偶然发现

偶然的发现成就了后来的"工业革命"。具有划时代影响的第一次工业革命，始发于18世纪60年代的英国，以英国织工詹姆斯·哈格里夫斯发明"珍妮纺纱机"为序幕，以英国制造师瓦特发明"蒸汽机"为重要标志。有史料记载，1764年里的某一天晚上，英国纺织工詹姆斯·哈格里夫斯回家开门后不小心踢翻了他妻子正在使用的纺纱机，当时他本人的第一反应就是赶紧把纺纱机扶正，但就在他弯腰时发现，被踢倒的纺纱机还在转，原先横着的纱锭变成直立的了。从中他突然悟出道理，把几个纱锭都竖着排列，用一个纺轮带动，就可以纺出更多的纱了。参见图1-1。18世纪，瓦特的儿子撰写了《少年瓦特与水壶》的故事，记载了他父亲瓦特小时候有一次看到火炉上的水烧开了，壶盖被顶开，瓦特把壶盖放回去但很快又被顶开了，瓦特意识到这是蒸汽的力量，并最终导致了蒸汽机的发明。参见图1-2。"珍妮纺纱机"和蒸汽机的发明，均缘于"伟人"小小的"伟大"发现，正是由于这些"伟大"而"微小"的发现推动了机器的普及和开创了以机器代替手工劳动的时代，催生了相继而来的工业革命。个人偶然的发现或是无意的或是有意的，但偶然中孕育着必然，貌似微不足道，但其带来的影响是巨大的，引致了世界工业、经济乃至社会的大突变。

图1-1 "珍妮纺纱机"催动工业革命

图片来源：百度网络。

图 1-2 一个水壶"改变"了世界

图片来源：沪教版思想品德教材（2016）

1.1.2 不平衡或是"大萧条"罪魁祸首

失衡是"大萧条"的罪魁祸首。平衡性是系统稳定的条件。发源于美国，后波及全球的 1929 年至 1933 年经济危机，史称"大萧条"，其爆发原因似乎是个"谜"，人们一直试图解开这个"谜"。"大萧条"的原因，众说纷纭，莫衷一是。美国经济体自身和全球经济体失衡或是"大萧条"的罪魁祸首。美国股票市场的崩溃（1929 年 10 月 29 日的"黑色星期二"）仅仅是个导火索，是压倒"骆驼"的最后一根稻草。从全球看，"一战"后，以德奥为首的战败方同盟国的经济遭受严重破坏自然不必说，战胜方协约国强国英国的经济开始走向衰弱，协约国其他国家如法国、比利时等也需要医治战争对经济的破坏等，战火没有烧到本土的美国经济受到的影响较小，美国的黄金贮藏量从 1913 年的 19.24 亿美元增加到 1924 年的 44.99 亿美元、约占世界黄金总贮藏量一半。全球经济发展不平衡，资本富余的美国对外投资增加的同时，债务国支付本息的困难也在增加。彼时美国没有及时承担世界大国应尽的义务，跌入"金格尔伯格陷阱"，加剧了世界政治格局不平衡。从美国自身看，美国工农产业发展不平衡，工业发展迅猛，但农产品出口外需受阻，农业发展严重滞后；美国消费和生产发展不平衡，工人工资增长率远落后于生产增长率，1920 年到 1929 年，美国工人每小时的工资只上升了 2%，而工厂中工人的生产率却猛增了 55%；美国的收入分配不平衡，繁荣导致了人们收入普遍增长，但上层收入增长过快于底层收入增长，基尼系数增高。总之，失去平衡后的美国经济体和世界经济体"不健康"，进而引发了"大萧条"。参见图 1-3。1934 年布鲁金斯研究所发表的一篇研究 20 世纪 20 年代经济问题的论文也佐证了类似的观点。[①]

图 1-3 大萧条

图片来源：百度网络。

1.1.3 营商环境造就了新加坡经济奇迹

营商环境成就了新加坡傲人的经济业绩。环境是系统存活和生长的

① [美国] 吉尔伯特·菲特、吉姆·里斯：《美国经济史》，中国商务出版社 1969 年版。

"土壤"，环境与系统互为反馈。新加坡自然资源匮乏，从面积和人口看，无疑是小国。2022年国土面积733.2平方公里，属于面积是1万平方公里以下的微型国家，在全球排名约第197位。总人口约564万，人口数量在全球排名约112位。然而，新加坡经济表现亮眼，2022年国内生产总值4671.8亿美元、全球排名第33，人均国内生产总值8.3万美元、全球排名第7。新加坡经济的发展得益于外贸驱动的外向型经济，经济高度依赖外部包括中、美、日、欧和周边市场，电子、石油化工、金融、航运、旅游等为主导产业，外贸总额约占GDP的三倍。2022年，新加坡货物贸易总额9912.8亿美元，位居全球第17位；服务贸易总额5492.8亿美元，其中出口服务2909亿美元，位列全球第8。新加坡外向型经济取得靓丽的骄人业绩，原因是多方面的，包括在地缘政治中不站队、保持中立等，其中良好的营商环境功不可没。自2003年起，世界银行监测全球经济体营商环境报告显示，新加坡的营商环境便利度始终位于全球前列。2023年4月，英国经济学人智库（EIU）报告新加坡连续15年在全球经商环境排行第一。从营商环境的硬条件看，新加坡拥有天然的全球交通枢纽地位，地处马六甲海峡东口，位于太平洋与印度洋航运"十字路口"要道的"咽喉"，与120多个国家/地区的约600个港口相连接，提供200条左右运输路线。从软条件看，新加坡是一个基本上没有关税的国家，具有竞争力的税务体系，拥有自由的经贸投资氛围；新加坡政府奉行坚定的亲商政策，洛桑国际管理学院《2014年世界竞争力年鉴》显示，新加坡在经济体清廉程度方面位居亚洲第一、世界第五，在经商环境中官僚作风最少的国家中位居亚洲第一、世界第四；世界经济论坛《2014—2015年度全球竞争力报告》认为，新加坡在知识产权保护方面位居亚洲第一、世界第二。新加坡经济系统的繁荣与健康，得益于难以伦比的营商环境。

1.2 "标准经济学"有时过于理想化，复杂经济学更能适用复杂的世界

千百年来"标准经济学"对人类经济发展贡献巨大，但其主要的"确定性思想"有时脱离社会现实导致一些理论失灵，难以解释复杂的世界经

济系统。这里的"标准经济学"是相对于"复杂经济学"而言的，属于一个模糊概念，不宜为了人为对称而称之为"简单经济学"，泛指传统的经济学，包括古典经济学、新古典经济学、现代经济学等。之所以不能为了对应或对称"复杂经济学"而牵强地将"标准经济学"称之为"简单经济学"，是因为"标准经济学"并不简单，对人类经济的贡献功不可没，不能简单粗暴地以为其"简单"，只不过前人为了便于研究复杂的经济现象，也为了体现科学严谨的治学精神，研究时设立了严格的假设前提条件，把复杂的经济现象理想化和经典化甚至标准化了。从这点来看，也就是说，经济学从诞生之初，经济学家们就料知经济现象是复杂的，所以，复杂经济思想其实很早就蕴含于"标准经济学"之中。

"标准经济学"主要基于确定性思想，试图准确解释和精准分析世界经济现象，但有时解释不了或者说难以解释复杂的世界经济系统。这是因为纷繁复杂的大千世界的经济活动往往是不确定的，或由于人类的认知不足与缺陷，导致可预料和可确定性的成分并不高，故基于确定性思想来解释不确定的经济现象有时或常常不能令人信服。当然，人们也认识到"标准经济学"的发展也是逐步放宽假设条件的，逐步从简单走向复杂。为此，人们应辩证地看待"复杂经济学"和"标准经济学"的相互关系，不能简单地孤立地将两者完全对立起来。复杂经济学的应运而生，是因为其更能解释复杂的世界经济现象，更能适应复杂的世界经济系统。

1.2.1 经典的宏观经济学中总供给—总需求模型的某些缺陷

研读美国多恩布什、费希尔、斯塔兹三位教授合著的宏观经济学（第七版），其关于中期、长期、短期的总供给—总需求模型分别如图1-4、图1-5、图1-6所示。首先，关于总供给–总需求模型，其假设了总供给水平是在可使用的资源和技术已知的情况下，经济可能生产的产出量。事实上，全部资源和技术的可使用是不容易知道的，如新的生产要素之一"数据"的内涵与外延就较难界定，即便知道所有的要素，包括资源、技术和产出量在内的各要素的精准测度也是很困难的。其还假设了总需求水平是对消费品、新投资、政府采购以及对净出口商品需求的总和。这里的总产出视同了GDP，而事实上，有关GDP的度量又是一个十分复杂的事情，各国和全球的GDP的统计数据的质量和准确性一直就受到人们质疑，在此不想就这个问题赘述。只是佐证我的观点，即总供给和总需求其实并不容易测度。

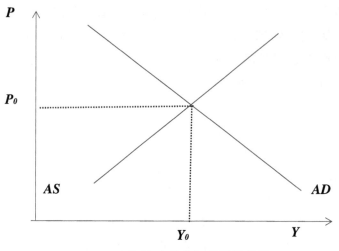

图1-4 中期的总需求与总供给曲线

图1-4 显示中期总供给—总需求的典型模型，给出了总价格和总产量之间的关系。总供给（AS）曲线表示，在既定价格基础上，厂商愿意提供的产量，即价格越高，厂家的产量就会越多。但事实上，AS 这个斜线显示不会属于线性，即便属于线性这个斜率为多少，也是值得商榷的。总需求（AD）曲线表示，在价格既定的基础上，消费者的需求量，即价格越高，消费者需求的厂商的产量会越少。同理，AD 这个斜线也显然不属于线性，即便属于线性，其斜率也是值得商量的。AS 和 AD 相交的点代表供需均衡点，但事实上，这仅仅是理想化的均衡点，可能离现实还比较遥远。然而，尽管这是个理想化的均衡点，但它揭示了商品市场的一般供求规律，所以，备受人们称赞与青睐。另外，传统的经济学认为，财政政策和货币政策仅影响需求，供给受制于劳动、技术等生产能力，但事实上，财政和货币政策不仅仅直接影响需求，而且至少间接影响厂商供给，譬如受财政和货币政策影响导致厂商融资成本低，可能就会面临资本这一生产要素的多投资。

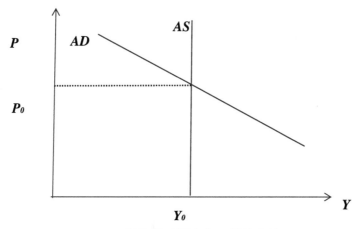

图1-5 长期的总需求与总供给曲线

图1-5显示长期总供给—总需求的典型模型，又称为古典总供给曲线，从长周期来看，厂商的产量仅仅受制于总供给，受制于生产能力，价格影响不到供给，价格属于完全无弹性，即无论价格高与低，产量是不受影响的。这里基于劳动力的实际投入不变这个假设，即从长期看，工人的实际工资（W/P）不变，工资（W）涨、价格（P）也涨、相互抵消，实际工资的不变动进而不影响实际就业量。但如果技术进步了，则能令产量离开这个均衡水平向更高的水平移动，即垂直的供给线会向右移，其实这是个很极端的假设。以传统经济学分析，长期的总供给—总需求模型似乎有一定道理，即长期看价格影响总供给的因素被抵消，价格不影响总供给，总供给由劳动、技术等决定，而价格影响不到劳动（影响因素抵消）和技术等。长期中所有资源都能够得到充分利用，失业率为自然失业率，人均资本水平达到均衡，产量也达到均衡，不再因价格变化而变化，所以对应于任何一个价格水平，产量总是固定的，故长期总供给曲线是一条垂线。通俗地理解，从长期看，经济增长不变，表现为虚拟的货币不论发行多少均不影响实质的资源投入，但事实上，这种情形过于理想化，货币作为资本（新的生产要素）是能够影响产出的。而且这里所言的长周期，概念也比较模糊，多长为长周期，还有待实证。更何况，AD和AS线均为直线，也是与事实不吻合，是一种理想的假设情形。

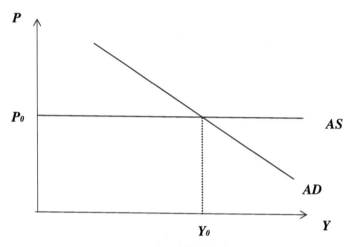

图 1-6 短期的总需求与总供给曲线

图 1-6 显示短期总供给—总需求的典型模型，又称凯恩斯总供给曲线，短期中的价格水平不变，价格完全有弹性，产量取决于总需求水平。短期内价格是不变的，这是因为短期内生产成本不会随产量的变动而变动，相应的价格水平也不会随产量的变动而变动，故 AS 线是水平线。凯恩斯认为，由于存在失业，厂商可以按照现行工资水平，获得需要的足够多的劳动。也就是说，短期内在既定的价格水平上，厂商可以供给社会所需求的任何数量产品。但事实上，这一情形，包括 AS 线的上下高低、AD 线的斜率多少等，与现实经济生活中并不容易吻合。而且，何为短期，也缺少明确的界定。

综上分析三种情形，能解释一些经济现象，但总体感觉，有人为的"优美"经济学之嫌。

1.2.2 经典的微观经济学中寡头垄断模型的某些缺陷

经典的微观经济学里，探讨寡头垄断市场的适用模型有古诺模型、斯威齐模型、斯塔克尔伯格模型、卡特尔模型等。从中挑选两个进行剖析，在承认其对经济学和经济的贡献之外，探寻其中的缺陷和不足。

古诺模型的缺陷。古诺模型是由法国经济学家奥古斯汀·古诺在 1838 年创建的一种寡头垄断模型，是研究寡头垄断市场比较经典的模型之一。古诺模型有如下基本假设：（1）市场仅是双垄断市场，厂商 A 和厂商 B；

（2）A 和 B 生产的是同质产品，且都追求利润最大化；（3）两者之间的竞争表现为产量竞争而非价格竞争，产品价格依赖于各自所生产的产品总量，两者不能相互勾结；（4）他们共同面临的市场需求曲线是他们熟知的线性的；（5）厂商把对方的产出水平视为既定的，并以此来消极地适应对方和确定自己的产量；（6）假设产品的边际成本和平均成本相同且是个常数，或者干脆假设产品的成本为零。首先，剖析以上 6 个假设。假设 1 和 2，在现实经济生活中尚有存在的可能，但假设 3 至 6 就离现实经济生活比较远了。故这就有了为了建模而建模之嫌，但缺少了以上假设，该模型就不能成立，这或许就是经济学理论研究的矛盾所在。古诺模型在满足了以上 6 个假设后，模型的数学表达如下：

设 A 和 B 面临的反需求函数（需求函数的逆函数）为：

$$P=1800-Q=1800-(Q_A+Q_B) \tag{1.1}$$

1800 为给定的市场需求量，假设企业生产经营成本为零，则：

$$\pi_A = TR_A - TC_A = P\,Q_A - 0 = 1800Q_A - Q_A^2 - Q_A\,Q_B \tag{1.2}$$

A 厂商利润最大化的一阶条件为：

$$\frac{\partial \pi_A}{\partial Q_A} = 1800 - 2Q_A - Q_B = 0 \tag{1.3}$$

$$Q_A = 900 - \frac{1}{2}Q_B \tag{1.4}$$

同理，可以求出：

$$Q_B = 900 - \frac{1}{2}Q_A \tag{1.5}$$

公式（1.4）和公式（1.5）分别为厂商 A 和 B 的反应函数。当 A 和 B 同时实现利润最大化的均衡产量，通过计算产量分别为 600 和 600，利润分别为 360000 和 360000。单个企业的产量占市场需求量的 1/3，两个企业合计起来的行业占市场需求量 2/3。A 厂商的均衡产量为：

$$Q_A = Q\left(\frac{1}{2} - \frac{1}{8} - \frac{1}{32} - ...\right) = Q\left(1 - \frac{1}{2}\left(1 + \frac{1}{4} + \left(\frac{1}{4}\right)^2 + ...\right)\right) = Q\left(1 - \frac{1}{2} \times \frac{1}{1-\frac{1}{4}}\right) = \frac{1}{3}Q$$

B 厂商的均衡产量为：

$$Q_B = Q(\frac{1}{4} + \frac{1}{16} + \frac{1}{64} + ...) = \frac{1}{4}Q(1 + \frac{1}{4} + (\frac{1}{4})^2 + ...) = \frac{1}{4}Q(\frac{1}{1 - \frac{1}{4}}) = \frac{1}{3}Q$$

由上，包括应用等比数列求和得知，双寡头的市场占有份额各为 1/3。进一步，可以推知，当市场上存由 n 个寡头垄断企业时，每个寡头企业的均衡产量应为 Q_i，整个行业的均衡产量应为 Q_m，如公式（1.6）和公式（1.7）所示。即当寡头垄断企业越来越多时，其总产量越来越接近完全竞争市场的需求总量，且依据反需求函数，产品价格也应下降。

$$Q_i = Q\frac{1}{n+1} \tag{1.6}$$

$$Q_m = Q\frac{n}{n+1} \tag{1.7}$$

公式 1.6 和公式 1.7 的推导如下。

$$P = Q - \sum_{m=1}^{n} Q_m$$

$$\pi_i = P\,Q_i = [Q - \sum_{m=1}^{n} Q_m]\,Q_i = QQ_i - [Q_1 + Q_2 + ... + Q_i + ... + Q_m]Q_i$$

$$\frac{\partial \pi_i}{\partial Q_i} = Q - \sum_{m=1}^{n} Q_m - Q_i = 0 \tag{1.8}$$

$$nQ - n\sum_{m=1}^{n} Q_m - \sum_{m=1}^{n} Q_m = 0$$

$$\sum_{m=1}^{n} Q_m = Q_m = \frac{n}{n+1}Q$$

古诺模型告诉人们，寡头企业之间是相互影响的，以上均是理想状态下的推导和分析，有一定的分析道理，且似乎为美妙绝伦的数学所设计的，但与现实经济市场相差较远。现实中 A、B 寡头难以如此精准配合。

斯威齐模型的缺陷。斯威齐模型是由美国经济学家保罗·斯威齐于 1939 年创建的一种寡头垄断模型，亦被称为弯折的需求曲线模型。这个模型比古诺模型进一步放宽了假设条件，假设：（1）寡头垄断市场上存在一个均衡价格；（2）某企业率先提价时，其他企业不会随之提高价格，当某企业降价时，其他厂商会相应降价；（3）每个企业均是追求最大化利润。假设 1 和 3 尚可以理解。假设 2 "跟跌不跟涨"虽有一定的道理，当提价的厂商率先提价的话，其他厂商不提价，不提价的厂商是为了保住和增加市场份额，而提价的厂商的销售量会减少很多、需求曲线富有弹性，当率先降价的厂商降价时，其他厂商为了保住市场份额也相应降价，率先降价的厂商销售量减少不会很多。由于率先提价或降价的企业，不能实现自己争取更多市场份额的意愿，所以导致寡头市场的价格相对稳定。但这些与现实经济生活未必吻合。因为现实经济生活很复杂，企业间不一定遵循这个假设。1968 年经济学家乔治·斯蒂格勒通过对 7 家寡头垄断企业定价的实证研究表明，竞争者无论是提高价格，还是降低价格，其他企业都是跟进的。[①] 假设 2 是这个模型的核心假设，由此可以推导，寡头垄断厂商的需求曲线呈现出弯折的形态，即当价格高于某一点时，需求曲线 dE 较为平缓；而当价格低于该点时，则需求曲线 ED 较为陡峭，如图 1-7 所示。

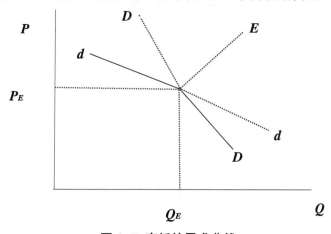

图 1-7 弯折的需求曲线

这种弯折的需求曲线 dED 导致了边际收益曲线的间断性，这意味着在某些价格区间内，厂商对价格变化的反应是有限的。该模型认为，只要边际成本曲线 MC 的变动不超过边际收益曲线 MR 的垂直间断部分，寡头垄断市场上的价格（P）和产量（Q）就会保持稳定，表现出价格刚性，其中 FG 视为连接 MR_d 线和 MR_D 线的边际收益曲线。如图 1-8 所示。顺便提一下，受边际报酬递减规律制约，边际产量的递增阶段对应于边际成本的递减阶段，边际产量的递减阶段对应于边际成本的递增阶段，边际产量的最

① G. J. Stigler, The Organization of Industry, RICHARD D. IRWIN, INC., Homewood, Illinois IRWIN-DORSEY LIMITED, Nobleton, Ontario, 1968.

大值相对应的是边际成本的最小值，故 MC 曲线被决定成了 U 型形状。

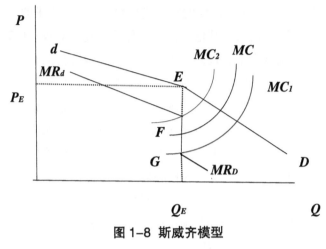

图 1-8 斯威齐模型

上述斯威齐模型让人们了解垄断市场上存在的价格刚性，由于率先提价者或降价者受其他企业的影响，很难实现自己扩大市场的意愿，故垄断价格存在稳定性；人们理解寡头垄断企业的规模是不尽相同的，导致有 MC_2、MC、MC_1 的存在。但该模型并没有说明起初的均衡价格和均衡产量是如何决定的，这或许是这个模型的缺陷所在。总体而言，斯威齐模型是论证寡头垄断市场上价格稳定行为的重要理论贡献，它提供了对价格刚性的解释，并强调了厂商之间相互依赖性，但也存在一些"理想化"缺陷，除没有说清上述均衡价格和均衡产量是如何形成外，也没有说清楚垄断市场主体相互博弈的复杂性。

1.2.3 "标准经济学"实证研究的某些缺陷

将复杂的经济问题简单化处理似乎成为部分定量研究的"时尚"。近些年来，国内一部分科研工作者热衷于定量研究。定量研究这一行为本无非议，而且复杂经济系统本身强调定量研究，强调定性与定量结合研究。但把貌似简单、其实复杂的经济现象简单化处理，把原本复杂的因果关系需要非线性处理的却生搬硬套进行线性处理，没有做到"把复杂性当作复杂性处理""把非线性当作非线性处理""把远离平衡态当作远离平衡态处理""把混沌当作混沌问题处理""把分形当作分形处理""把模糊性当作模糊性处理"，结果令人啼笑皆非。

某些实证研究有新"八股文"倾向。举例说明，2022年，我曾经受邀审阅某研究生关于研究信息通信技术对我国制造业出口影响方面的论文。这篇论文质量一般，但也有一定的代表性。首先，该论文构建了一个几乎普适的包括因变量、自变量、控制变量等在内的基础的线性模型。然后，根据该模型进行基准回归、分项回归，继而再进行稳健性检验。在此基础上，得出的结论是："（1）信息通信技术对中国制造业出口具有显著的正向影响；（2）将中国分为东、中、西部地区进行回归对比，发现东部地区的制造业出口与信息通信技术没有显著的相关性，中部地区的制造业出口则是对互联网使用率负相关，西部地区移动电话使用率对其制造业出口的影响具有显著的促进作用；（3）对制造业高、中、低技术密集度进行实证分析，发现互联网和移动电话使用率对高端技术制造业的出口具有显著正向影响，对中、低端技术制造业出口的影响不显著。"而这三条结论之间有相互矛盾之处，且与现实经济生活有违背之处，在忽略数据信息"噪音"、统计误差的前提下，究其主要原因在于对复杂的经济关系构建了并不科学的简单的线性模型，被解释变量由互联网百人使用率、移动电话百人使用率、固定电话网百人使用率这三个代表变量构成，并不能代表真正的信息通信技术实际应用水平，而且选择的控制变量如外商投资总额等，并没能做到将自变量以外一切能引起因变量变化的变量控制好。所以，基于这样的理论模型线性回归的结果必然不能令人信服，与实际情况也不吻合，缺少实际价值，进而会误导决策，说得严重点，甚至属于"伪科学"。诚然，非线性处理的难度要远高于线性处理，但学者不能为了图自身方便且又要体现所谓的"学术"进行简单化定量处理，对非线性定量处理望而却步，或违背复杂经济系统本来的运行规律。将线性回归模型应用到经济系统，应当谨慎，应借鉴类似古诺模型和斯威齐模型一般要有假设前提，同时，对所研究得出的结论，一般要有研究不足之说明。当然，这里并不是排斥线性回归分析，线性回归分析有它应有的功能，尤其是对相对简单经济现象的处理有其独到的作用。对当下流行的某些"八股文"经济学，与其说是由数学公式控制的机器，不如说是需要精心打理的庭院。对经济系统的研究方法，不能千篇一律，应如同滑雪者在滑雪中需要快速地做出反应，调整自己的姿势，以适应变化的地形。约翰·冯·诺依曼（1903—1957），是美籍匈牙利人，集数学、现代计算机、博弈论、核武器、生化武器等领域内的科学全才于一身，在"二战"期间参与了曼哈顿计划，有人称之为"六边形战士""现代计算机之父""博弈论之父"。他曾经指出，20 世纪科学研究的任务就是要深入探讨复杂性和复杂化的定义，就像 19 世纪的熵和能量定义那样。现在看来，这个任务仍需要 21 世纪乃至更长时间来完成。

关键词

世界经济系统　随机性　平衡性　环境反馈性　标准经济学
复杂经济学　总供给　总需求　古诺模型　斯威齐模型
把非线性当作非线性处理

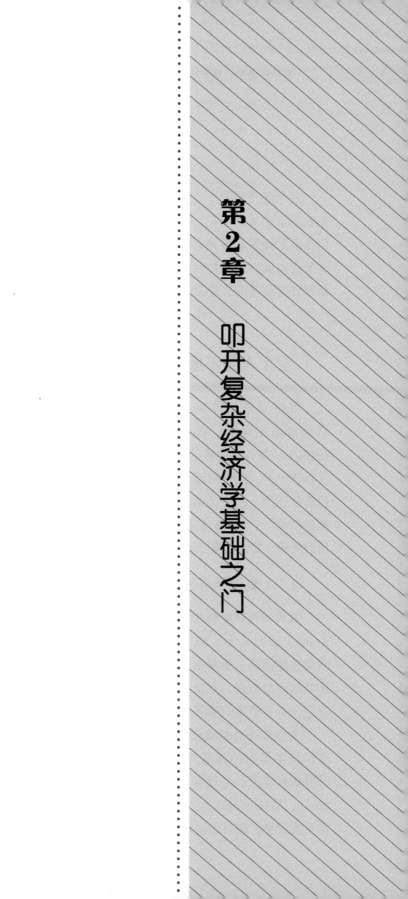

第 2 章

叩开复杂经济学基础之门

复杂经济学是个古老而年轻的学科。说它古老，是由于复杂经济思想在经济学中早已存在。说它年轻，是由于它涉猎的知识实在太广泛，人类仍在不断探索和探寻它的规律。而且，由于复杂经济学的适应性，它已经逐渐走向世界经济舞台的中央。了解复杂经济学非一朝一夕之功，我们应从叩开复杂系统、复杂经济系统、复杂经济学的基础大门开始。

2.1 人类不断探索复杂经济系统和复杂经济学

经济学是门科学，早已形成共识。从重商主义（1550s—1776）、启蒙自由主义者、古典学派（1776—1871）、历史制度主义（1840s—1940s）、新古典经济学（1871—）、凯恩斯主义（1936—），到货币主义（1968—），众多的流派、无数的杰出经济学家存在若干分歧观点，表明经济学还是一门十足的极其复杂的科学。复杂经济学其实早就存在于"标准经济学"。近50年来，从"中国系统工程之父"钱学森到美国圣塔菲研究所等，推动了复杂性科学在经济系统中应用。

2.1.1 复杂经济思想在经济学中已经存在较长历史

在古典经济学诞生之前，就有复杂经济思想存在。布莱恩·阿瑟（Brian Arthur）研究认为（2020），在亚当·斯密之前，就有经济学家指出，经济的总体结果，受复杂因素影响。例如，贸易模式、市场价格以及生产和消费的商品数量，是由个人行为形成的，而个人行为又对这些总结果做出反应，有一个递归循环，正是这种递归循环使经济成为一个复杂的系统。

复杂经济思想蕴含于众多经济学家研究成果之中。美国经济学家、制度经济学鼻祖的托斯丹·凡勃伦（Thorsten Veblen，1857—1929），美国计算机科学家、心理学家、诺贝尔经济学奖获得者赫伯特·西蒙（Herbert Simon，1916—2001），出生于奥地利的英国知名经济学家、奥地利经济学派重要成员、诺贝尔经济学奖得主弗里德里希·哈耶克（Friedrich Hayek，

1899—1992），在复杂经济学领域其实已经做了大量的早期工作。

其一，凡勃伦根据人类学及其他社会科学来研究人类行为，通过从其他学科获得的见识拓宽和丰富了经济学。1899 年凡勃伦的散文《有闲阶级论》（The Theory of the Leisure Class）横空出世，其中著名的"凡勃伦效应"是指"对于有闲阶级来说，购买与否不在于物有所值，而在于体现买主的实力和地位。物品的价格越高，购买者的欲望反而越强烈"。在这篇著作中，凡勃伦抛弃了新古典经济学研究的基本框架，从人类学、心理学、生物学、考古学、宗教学等诸多学科出发旁征博引，论述了人类社会生产制度以及金钱制度的发展演化，指出与过去的社会生活和环境相适应的生活习惯和思维方式制度，同当下的要求不可能完全一致，所以制度必须不断变革才能适应现实的需要。

其二，西蒙的决策理论吸收了系统理论、行为科学、运筹学和电脑科学等学科的研究成果，西蒙有关组织决策的理论应用到现代企业和公共管理效果良好。西蒙是经济组织决策管理大师，提出有限理性理论，认为管理者是介于完全理性与非理性之间的"有限理性"管理者。管理者决策不仅受到多方面因素的制约，而且处于变动甚至矛盾之中。管理者的认知、信息、经验和能力均是有限的，不可能达到绝对的最优解，而只能找到满意解为满足。

其三，哈耶克认为，自由价格机制并不是经过人们刻意介入产生的，即事先非由人们刻意加以设计，而是由"自发社会秩序"，即"由人类行为而非人类设计"产生的秩序所领导，是一种自组织行为。自由主义者哈耶克在《通往奴役之路》（1944）中写道："经济活动的完全集中管理这一观念，仍然使大多数人感到胆寒，这不仅是由于这项任务存在着极大的困难，而更多的是由于每一件事都要由一个独一无二的中心来加以指导的观念所引起的恐惧。"此外，尚有不少经济学家蕴含复杂性思想。例如，美籍经济学家阿尔钦（Armen Albert Alchian，1914—2013）建议在经济分析中使用自然选择的概念来代替显性最大化的概念，这一方法体现了生物演化和自然选择的原则。再如，美籍奥地利经济学家、"创新理论"的鼻祖熊彼特（Joseph Alois Schumpeter，1883—1950）认为，人类社会的演化是根据日常惯例进行选择的，而日常惯例是由一般的行为经验、习惯构成的，它们形成人类行为选择的价值体系，并且是通过技术演化过程内植于人类演化过程之中来创作。

当代意义上复杂经济学研究大约有50年的历史。20世纪末，中国科学家钱学森（1911—2009）等人提出"开放的复杂巨系统"概念，强调许多现实世界中的系统，如经济社会系统等都属于开放的复杂巨系统。20世纪80年代后期开始，复杂经济学研究方法在美国圣塔菲研究所（Santa Fe Institute，SFI）得到大量研究。大约自20世纪90年代以来，经济学家开始将经济作为一个不断演化的复杂系统进行探索，并且从这种探索中诞生出了复杂经济学。布莱恩·亚瑟（W. Brian Arthur）是圣塔菲研究所外聘教授，业内有人认为他是复杂经济学理论提出者，他2021年1月在《自然评论物理学》（*Nature Reviews Physics*）发表长文，讨论了复杂经济学的基本逻辑、主要方法及其发展前景。

2.1.2 复杂经济学更贴近现实和更具发展潜力

复杂经济学放宽了"标准经济学"的假设，更贴近现实。新古典经济学，从19世纪70年代的"边际革命"开始，其开创者为英国的杰文斯、奥地利的门格尔和法国的瓦尔拉斯，在过去的150多年里，这种经济理论将经济主体（公司、消费者、投资者）视为完全理性的决策者，他们面对定义明确的问题，采取达到总体均衡结果的最佳行为。毫无疑问，这种观点带来了很多洞察力和发现。19世纪初流行的萨伊定律"供给创造其自身的需求"，还有20世纪30年代的凯恩斯定律"需求能创造出自己的供给"，就是实证。但是，许多经济学家质疑这种经济理论的部分是基于为数学方便而选择的假设，人们对它是否普遍适用提出了疑问。而这种理性的、均衡的系统产生了优雅的经济学，常常是不现实的。复杂经济学放宽了这些假设，它假定主体不同，而且关于其他主体的信息不完善，因此必须设法弄清所面对的主体情况。主体根据相互创造的结果进行探索，做出反应并不断改变其行动和策略。所得结果可能不处于均衡状态，并且可能显示出均衡分析不可见的模式和出现的现象。经济系统不是机械、静态、永恒和完美的，而是有机的、总是自我创造、充满活力并且生机勃勃的，它甚至具备生命属性。复杂性需要探求各个元素如何对它们相互创建的当前模式做出反应，以及会导致了什么模式的结果。随着对新古典经济学基本假设的反思，讨论非均衡、非线性、演化的复杂经济学更贴近现实。

复杂经济学与复杂性、物理学联系比较紧密。1987 年，当时的新 SFI 召集了一次会议，召集了 10 位经济理论家和 10 位物理理论家，共同探讨了关于不断演化的复杂系统的经济。复杂经济系统呈现动态的、非线性随机过程，系统的内部外部行为就像物种一样，不断竞争或相互适应，共同进化。这一愿景与 1890 年阿尔弗雷德·马歇尔（Alfred Marshall）的著名格言非常吻合，"经济学家的麦加，就在经济生物学中（Economic Biology）"。经济学中的多重均衡、不可预测性、锁定、效率低下、历史路径依赖和不对称性等性质类似于物理学中的现象，即多重亚稳态、不可预测性、锁相或锁模（表示两个信号之间的相位同步）、高能基态（基态指分子或原子中的电子处于最低能态①）、非遍历性（遍历性指系统会经历所有可能性的状态，且每个状态都有相同的概率被访问到）和对称性破缺。相变（phase change）属性，指从一种相转变为另一种相的过程，是复杂性的重要标志之一。如物质通常有固、液、气三种形态的"相貌"；铁有 α、γ、δ 三种晶体结构，在一定条件下可以相互转化。

标准经济学中简单的模型，难以解释复杂的经济现象。例如，标准的、新古典主义的金融市场理论具有理性预期，即相同的投资者采用相同的预测模型，但该理论存有一些关键的缺陷。"投资者是相同的，因此如果其中一个想要购买，则所有人都想要购买，而没有卖方。如果一个人想卖，所有人都想卖，没有买家。股票价格只是为了反映这些现实而进行调整。""该理论无法解释实际的市场现象，例如市场心理的出现，价格泡沫和崩溃，大量使用技术交易（基于近期价格模式历史的交易）以及随机的高低水平波动（价格变化）。"随机波动、技术交易、泡沫、崩溃等现象并非"偏离理性"，这些现象是经济主体发现行为临时起作用的结果，这些行为可能既不是理性的，也不是非理性的，仅仅是涌现。再者，19 世纪 70 年代提出的边际效用价值论，即传统上的标准经济学是假设为收益递减的，即负反馈，认为边际收益有降低的趋势，即"供需平衡"在市场交易过程中产生的负面回馈。例如，人们消费了第一单位的商品所带来的满足感是最强的，随着消费次数的增加，欲望（收益）也随之减少。但是，

---

① 分子由原子构成。分子是保持物质化学性质的最小粒子。原子是化学变化中的最小粒子。原子由质子、中子和电子三种基本粒子组成。质子和中子位于原子核中，而电子则围绕原子核运动。

复杂经济学的早期主题认为可能是正反馈，即收益递增，边际成本递减。例如，公司在技术取得成功后，则会产生网络效应，如 PayPal、支付宝、微信支付等数字企业的优势，这些企业将其前期研发费用分散到更广泛的用户群中来降低成本，并进一步获取优势，即收益是递增的。同时，当几家这样的公司竞争时，凭借好运气或明智策略取得初步领先的公司可能会进一步主导甚至锁定市场，但最终优胜者可能受到随机事件的干扰、不一定是起初做得最好的那一个。个中的不确定性是复杂系统的重要特征之一。

许多复杂经济现象中随机变量并不服从正态分布及由其导出的其他几个重要分布。有些简单的经济现象，如新生婴儿的性别登记、某项试验的成功与否等，其离散型变量服从 0—1 分布，要么为 0，要么为 1；如抛掷骰子，其离散型变量服从均匀分布，六面各面出现的概率相等。离散型随机变量中常见的概率分布为二项分布和泊松分布。二项分布的公式如下：

$$P\{X=x\} = C_n^x p^x q^{n-x}, x = 0,1,2,...,n$$

$$P\{X=x\} \geq 0,$$

$$\sum_{x=0}^{n} C_n^x p^x q^{n-x} = (p+q)^n = 1 \tag{2.1}$$

$$C_n^x = \frac{n!}{x!(n-x)!}$$

特别地，当 n=1 时，二项分布就简化为 0—1 分布。即：

$$P\{X=x\} = p^x q^{1-x}, x = 0,1 \tag{2.2}$$

二项分布简化了试验条件，视同试验条件完全一致，但事实上试验条件未必完全一致，故为精准起见，只能使用古典概率求解。这种情况的分布属于超几何分布。即：

$$P\{X=m\} = \frac{C_M^m C_{N-M}^{n-m}}{C_N^n} \tag{2.3}$$

如以从总产品中抽取次品为例，其中：N 为总产品数，M 为 N 中的总次品数，n 为每次从 N 中任取的件数，m 为任取 n 中的次品件数。

泊松分布是用来测度指定时间内或在指定面积/体积内某一事件出现的次数分布。如：人寿保险公司每天收到的死亡声明个数，某企业每月发生事故的次数。其公式如下：

$$P(X) = \frac{\lambda^x e^{-\lambda}}{x!}, x = 0, 1, 2, \ldots$$
$$E(X) = \lambda \tag{2.4}$$
$$D(X) = \lambda$$

以上为基于一般规律的探寻而求解的离散型随机变量的概率分布。泊松分布也属于理想化的分布，其基于严格假设推译后给定 $E(X)=D(X)=\lambda$。概率（Probability）本就是可能性，所以，对上述公式存在的正确性如何，有待每次真正实验的验证。

对于连续型随机变量的分布，有经典的正态分布，以及由正态分布而导出的 x^2 分布、t 分布、F 分布，其与实际经济生活的吻合也有待考量。正态分布也叫住高斯分布，自不必说，它的应用范畴很广，经济社会生活中好多现象呈现这个分布，例如同质群体的身高、学生的成绩等。正态分布是基于中心极限定理，诞生于 1733 年，由法国数学家棣莫弗提出，后由德国数学家高斯（Gauss）应用于天文学研究，故该分布又称高斯分布。其分布的期望和方差如公式 2.5：

$$X \sim N(\mu, \sigma^2) \tag{2.5}$$

当 $\mu=0$，$\sigma^2=1$ 时，即称为标准正态分布。

x^2 分布（卡方分布）是正态分布的一种变种，指随机变量首先服从标准正态分布，然后指随机变量的平方和呈现卡方分布，诞生于 1875 年（由海尔墨特提出）或 1900 年（由皮尔逊提出）。其分布的期望和方差如公式 2.6：

$$E(x^2) = n$$
$$D(x^2) = 2n \tag{2.6}$$

公式 2.6 中的 n 为自由度，可以理解为独立变量的个数，通常是样本量减去 1。卡方分布是一种理想化的概率分布，其主要用途包括：检验变量间是否相互独立，检验变量是否服从该种分布。

另一种派生的分布为 t 分布，也称学生氏分布，诞生于 1908 年，由高塞特以 "student" 为笔名提出。该分布也是首先强调 $X \sim N(0, 1)$，然后，要求 X 与 Y 相互独立，$Y \sim x^2(n)$，n 为自由度。其分布服从公式 2.7：

$$t = \frac{X}{\sqrt{Y/n}} \tag{2.7}$$

学生氏分布也是一种理想的分布，主要用途也是用来检验变量。

F 分布是费希尔 1924 年提出，其也是由正态分布导出，随机变量 X 受制于另两个随机变量 Y 和 Z，且 Y 和 Z 服从自由度为 m 和 n 的卡方分布，则该分布公式如 2.8：

$$X = \frac{Y/m}{Z/n} \tag{2.8}$$

F 分布的实际应用也在于对变量的检验。

综上，在我看来，正态分布的实际应用意义广泛，而由正态分布引申而来的其他分布，其数学意义大于经济学意义。当然，经济学离不开数学，经济学也需要数学的支撑，故计量经济学应运而生。而计量经济学中好多假设，都是基于变量是独立的且服从一定的分布为前提，这与实际经济生活可能大大吻合，有时甚至大相径庭。大千世界的经济现象纷繁复杂，情形各异，许多变量可能服从正态分布，但又有很多变量不可能以服从理想化的正态分布为前提。

复杂经济学越来越多受到政策决策者的关注和喜爱。在复杂经济系统中，尤其是自动化经济中，譬如，对经济系统的自动化分析与预测，其鲁棒性（Robust）和适应力十分重要，即需要关注对意外情况做出反应并在出现问题时迅速恢复或转型的能力。所谓意外，就是意料之外、料想不到的事件，其对理想主义冲击巨大，也是现实主义无法避免的。决策者们往往需要更多的现实主义，需要抛弃均衡假设，需要不断揭示新的经济行为，允许主体在不同的地区、团体或反应能力方面有所差异，允许主体可以内生地改变，允许基本的不确定性和看不见的干扰存在。以复杂性思维观察，有时就不难理解美国个别领导人的决策与主张。例如，从全球配置资源看，美国、墨西哥和中国展开经济合作，可能会使得墨西哥和中国获得更多的产业和就业机会，而美国也将获得更便宜的商品。但这是假设给定国家（美、墨、中）完全理性化，这样的安排是最佳的，各国都会平等受益。然而，实际上各国是有限理性，也存在非理性，所以，才有一些美国经济学家建言，将美国一些产能转移到中国和墨西哥是掏空美国铁锈带地区（泛指工业衰退地区）工作机会的主要因素，对美国社会福祉和政治带来重大影响。即大规模均衡未必小规模均衡，而由小规模均衡构建起来的大均衡是理想化的，或与现实相差遥远，且未必是最优的。孰是孰非，不可一概而论。

均衡到非均衡，非均衡到均衡，或是一个动态的过程。近年来，包括中国在内的多国政府领导人在经济决策过程中经常强调运用复杂系统思维和观点，这表明复杂性科学和复杂经济学越来越多受到政策决策者的青睐。

复杂经济学面临发展机遇与挑战。复杂经济学面临发展机遇包括：一是计算能力的提高。随着计算机技术的不断进步，计算能力和存储能力得到了极大提升，这为复杂经济学的研究与发展提供了强大的工具。二是大数据时代的到来。在数字化时代，大量的数据可以被用于研究复杂经济系统。而这些数据可以通过计算机模拟、人工智能等技术进行分析和预测，为复杂经济学的研究提供了前所未有的机会。三是跨学科合作的加强。由于复杂经济学需要涉及数学、统计学、物理学、计算机科学等多学科领域的知识，因此跨学科合作的加强无疑有助于促进复杂经济学的发展。四是新生代市场主体的发展。一些新兴经济体或新兴产业的快速发展，其经济系统可能更具复杂性和动态性，传统经济学难以解释，为复杂经济学的研究提供了重要的实证基础。复杂经济学面临的挑战包括两个方面：从学科特点来说，一是数据收集和处理难度较大。由于复杂经济系统的多样性和复杂性，数据收集和处理要求很高，需要开发新的数据收集技术和处理工具，以有效地捕捉复杂经济系统的各个方面。二是模型建立难，复杂经济学需要新的模型来描述非线性、非平稳、非对称、动态和随机系统，而相应的这些模型需要考虑到各种因素之间的相互作用，同时还要准确反映经济现象的本质特征，所以增加了理论模型构建的难度，需要复杂经济学理论和方法论加以指导。从学科从业者的角度来看，一是一些复杂性科学领域的专家还不愿意进入到经济学圈子，二是由于学科交互性，部分从业者是从其他学科发展起来的，这成为他们研究复杂经济学的优势，也成了其深耕经济领域的障碍，存在交叉融合的时变过程。

2.2 复杂经济学逐渐走向世界经济舞台的中央

唯物史观告诉人们，经济基础决定上层建筑，并且法律、政治等上层建筑对生产力与生产关系构成的经济基础之变化具有反作用。经济系统总是处于不均衡状态，它是有机的、自我创造的、充满活力的，它不仅受到经济因素影响，也受到来自法律、政治等上层建筑因素影响。复杂经济学是研究在有限理性下复杂经济系统如何运作的经济学。博大精深的复杂经济学因其更贴近现实，更能解释复杂的经济现象，更能解决现实问题，从而逐渐走向世界经济舞台的中央。

2.2.1 复杂系统科学在经济系统中研究进展

还原论是近现代科学研究的基本方法论和复杂系统研究方法的基础。当人们希望了解研究对象的性质和规律时，将对象拆分，再还原为更加基础的部分或单元，通过了解每部分、单元的结构属性，再试图由部分、单元出发，综合推演整体属性。还原论适应并推动了二十世纪科学研究的发展。除了以物理与生物为代表的自然科学领域外，包括对物质结构的了解，从分子、原子到更微小的粒子，包括对生命奥秘的理解，从个体、组织器官到细胞、DNA。还原论的巨大成功深刻影响了人们看待世界、发现问题、分析问题、解决问题的思维方式。研究复杂系统，不能忘记还原论，还原论对了解复杂系统有帮助。但还原论的局限性在许多复杂系统中也越来越明显，包括如何看待生命起源、大脑认知与意识产生，如何明白生态系统的结构与功能等。人类生存的时空中，广泛存在的系统更多呈现复杂性与多样性，对于系统基本结构单元性质和规律的了解，并不能让人们全面地理解系统的行为。例如：生命的整体不是生命物质的简单组合，仅仅基于细胞的知识，人们很难理解组织器官的功能；人的大脑的学习与认知功能也不仅仅是通过神经元层次的知识就能够理解的；还有鸟群集群飞行、蚂蚁蜂群智慧等奥秘的探索。为此，在方法论上，人们需要从还原论走向系统论（郭雷，2016）。

系统科学与复杂性研究逐渐成为当代科学研究的主流。韦弗（Weaver，1948）把科学问题分成三类：（1）简单性问题，如单摆；（2）非组织的复杂性问题，如理想气体；（3）有组织的复杂性问题，并指出"接下来的50年，人们需要面对的科学挑战是有组织的复杂性问题"。从复杂网络结构的层面，理解生命、生态、社会、经济等复杂系统的性质，已经成为许多学者的共识（亚斯尼·彗恩·马歇尔，2009）。狄增如、陈晓松（2022）总结了北京师范大学系统科学研究的一些进展，包括：刻画复杂系统宏观涌现的本征微观态方法，即一般在一个无序的复杂系统中并不存在本征值

（权重因子）和微观态，但将微观态转变为本征微观态时，原来的每个微观态可看作一系列本征微观态的线性求和，故系统的集体行为由具有较大本征值的本征微观态描述；大气系统、地球系统等复杂物理系统的结构与功能；生命现象的复杂性研究；社会经济系统中的复杂规律挖掘；大脑神经系统认知行为与生物群体智能的复杂性研究。复杂系统具有非线性、动态性、非均衡、非周期性和开放性等一系列特征，复杂性科学则是运用非还原论方法研究复杂系统产生复杂性的机理及其演化规律的科学。

复杂性科学在经济领域的研究进展。狄增如、陈晓松（2022）认为，2008 年全球性金融危机不仅是世界经济系统的危机，也是古典经济学理论的危机，它促使学术工作者从系统复杂性的角度重构经济学。张江华等（2020）曾提出了复杂经济学（Complexity Economics，CE）概念，认为其是复杂性科学及其与经济科学融合。复杂经济学是"基于主体的计算经济学（Agent-based Computational Economics，ACE）"，与经济物理有着千丝万缕的联系，一定程度上依赖物理学家开发的范式、理论和方法来应用或类比研究经济学问题。近年来，随着行为经济学、神经经济学和实验经济学的兴起，复杂经济学很好地借鉴了它们的最新成果，用于刻画经济主体行为，分析涌现的成因。国内学者如中国科学院研究员汪寿阳、天津大学教授张维等开展了一系列相关应用研究，在原油价格预测、GDP 预测、房地产价格预测、外汇汇率预测、集装箱物流预测等很多复杂经济预测问题上得到成功应用，在金融股票市场和信贷市场基于计算实验金融（Agent-based Computational Finance，ACF）尝试得以应用。此外，复杂经济系统中微观机制与宏观现象之间的关系、结构形成的机制和演变规律、结构与系统行为的关系，以及复杂经济系统运动规律、系统突变及其调控等，成为近些年来复杂经济系统研究领域的重点。王有贵等（2018，2020，2021），采用复杂系统自底向上的研究方法，提出了一个由家庭、企业、商业银行、央行组成的多主体模型，并构建了一个结构向量自回归（SVAR）模型，脉冲响应结果为可能的因果链提供了一些启示。总之，复杂经济学从属于复杂性科学，其研究范式有着深刻的物理学烙印，人工智能、机器学习等计算机技术的发展，无疑大大助力了复杂经济学创新研究工具和研究范式。美国经济学家布莱恩·阿瑟（W. Brian Arthur）[①]曾提出："经济是一个进化着的复杂系统"，构建了复杂经济学的框架，提出了全新的思维方式，并认为：复杂经济学认为非均衡是经济的现实和常态，经济系统的均衡是永远不可能达到的；经典或传统经济学认为经济是在均衡的左右进行震荡，这是以物理学的方式来看待经济现象，而复杂经济学则类似于生物学，它把经济现象看作生态圈，当产生一个新物种，必定对原有物种产生连锁影响，a 影响 b，b 进而影响 c，如此循环。

2.2.2 复杂经济学未来之路还很长

人们对复杂经济系统和复杂经济学存在"懂的不多"和"用的不多"两类倾向。千百年来，"标准经济学"对人类经济发展贡献巨大，但"确定性思想"脱离社会现实导致理论失灵。经济活动与人类历史一样久远，经济一词来源于希腊文，最初是将它狭义地界定为对家庭事务的管理。伴随着人类生产方式及生活水平所表现出的由无到有、由简单到复杂、由低级到高级的动态趋势，经济系统日益复杂化，并不断呈现新的特点和形态。亚当·斯密 1759 年的《道德情操论》就明确提出和论述了个体决策中的自利性与社会性融合的行为两面性原理。20 世纪 80 年代复杂性科学的兴起，为经济研究带来了有益的启示和强烈的冲击，使得一般均衡理论遭到质疑，经济系统的非线性、开放式、多层次、动态性等显著的非均衡特征在被一些学者们漠视了许久之后，重新回到了研究人员的视野，经济复杂性受到了广泛而又深入的关注。从时空的范畴看，不同国家不同地区的不同阶层人群在社会实践中越来越意识到经济系统是个复杂系统，需要运用复杂系统理论来指导解决复杂的经济问题。近些年来，中国国家领导人多种场合提及，"要坚持系统观念，为党和国家各项事业提供科学思想方法"，"经济社会体系是一个普遍联系、多维多元的复杂系统，坚持系统观念，既是马克思主义理论的观点和方法，也是我们在实践中总结出的重要经验"。同时，复杂系统的科学理论也在不断地发展，越来越多的学者加入复杂系统领域研究。笔者通过长期观察思考，发现存在两类倾向：一是越来越多的人知道了复杂系统理论的重要性，但对复杂系统理论本身只是知道一点

---

① 斯坦福大学行为科学高级研究中心研究员，复杂性科学的重要奠基人。

皮毛，对如何运用复杂系统理论指导社会实践、经济工作知之更少，故而存在"懂的不多"倾向；二是不少人虽然知道了复杂系统理论的重要性，也了解一些相关理论、知识和技术，但在实际经济工作中却偏离了复杂系统理论的精髓，为数不少的人存在把复杂经济理论及其应用简单化，把复杂经济系统简单化处理，故而存在"用的不多"的倾向。

复杂经济系统的研究博大精深。复杂经济系统理论、知识、技术博大高深，而且还在持续发展更新中，远不是本专著所能体现个中价值的。国内外已经有不少学者致力于这方面的研究，并且已经取得了丰硕成果。作者不才，愿为复杂经济系统研究领域尽微薄之力。本书试图给读者介绍一些复杂系统理论、知识、技术及其在经济领域的应用，力求起到抛砖引玉的作用，激发更多的学者尤其是青年学者投身到复杂经济系统领域研究，使得"懂的不多"和"用的不多"的两种倾向有所缓解，逐渐变成"懂的更多"和"用的更多"。

复杂经济学属于突出经济学管理学的交叉学科。复杂经济学研究的是复杂性理论在经济系统中的应用，突出经济学范畴，但由于应用了复杂性理论，又不乏管理学方面的知识。经济学和管理学这两个学科，既有区别又有联系。从研究内容和对象看，经济学偏重于研究资源的稀缺和资源的配置，研究如何提高资源的配置效率，核心对象是围绕"资源"；管理学偏重于研究组织和领导行为，研究如何提高管理效率，核心对象是围绕"人"，包括大小组织和自然人。当然，人是生产力中最活跃的因素，企业是市场生命的主体，故"人"是第一资源。没有"人"的世界，无法想象，无论在自然界还是在社会界。所以，从研究内容和对象来看，经济学和管理学有许多交叉之处。在研究方法上，经济学偏重于计量模型，偏重于理论，管理学偏重于案例，偏重于实践，但两者的研究方法不能截然分开，有交叉融合之处。事实上，完全分开经济学和管理学是不科学的，甚至人为分开自然科学与社会科学也是不科学的，因为相互之间有交叉和融合之处。所以，有的高校学院直接称为"某某经济管理学院"或"某某管理经济学院"。之所以这么区别称呼，就是考虑经济或管理那个成分更重些。复杂经济学诞生后，就是经济学中融入了更多的管理学内容，并如前所述，包括了物理学、生物学、数学、计算机科学等其他学科内容。

2.3 复杂经济系统和复杂经济学基础

　　复杂经济学是复杂性科学在经济系统中应用。复杂经济学的研究对象是复杂经济系统。何为系统？何为经济系统？何为复杂经济系统？这些是认识复杂经济学的开端。许多人对系统的概念不甚明白，甚至似是而非。故需要厘清系统的概念以及与系统相关的基本知识。然后，在此基础上研究论述经济系统是什么，以及经济系统的复杂性，进而弄清复杂经济学的研究对象——复杂经济系统的内涵和外延。

2.3.1 复杂系统的基础

2.3.1.1 系统的基本概念

　　系统的定义。系统的概念或源于生物学，或源于物理学，或源于天文学，或源于社会学，这个溯源很难刨根问底，而且追溯它并无太多实际意义，姑且可以搁置。一般系统论和理论生物学创始人、美籍奥地利生物学家路德维希·冯·贝塔郎菲（Ludwig von Bertalanffy，1901—1972）出版专著《一般系统理论基础、发展和应用》（1968）认为，"系统是相互作用的多元素的复合体""由若干要素以一定结构形式联结构成的具有某种功能的有机整体"。具体理解，系统一般应具有三类基本特征：一是复合体，指系统是两个以上元素的集合。二是相关性，构成系统的所有元素都是按照系统特有的方式关联，包括相互依存、作用、补充、激励、制约等。三是整体性，元素的多元性和相关性产生了系统的整体性，系统具有整体结构、功能、特性、行为、状态等。例如，人体就是一个典型的系统，而且是个彻头彻尾的复杂系统，它由大脑、四肢、躯干、五脏六腑等构成，身体内各个器官之间相互联系、相互影响、相互作用，构成生命的特征和生物的标志。从人体是复杂系统这一观点展开，我平素想，任何心智正常成年人都了解自身身体这个复杂系统，所以，在这个意义上，人人都具备一定程度的复杂系统思想，而且随着年龄的增长，生活经历的丰富，如果再拥有相关的专业知识，人们对复杂系统的理解就越深刻。大人常告诫小孩，"要想感冒早点好、自动好，多喝水、清淡饮食、多休息或是良方"，就蕴藏着复杂系统管理的理念。钱学森曾提出用"人体功能态"理论来描述人体这一开放的复杂巨系统，在他的指导下，北京航天医学工程研究所（中国人民解放军国防科学技术工业委员会第 507 研究所）研究人员于 1984 年开始对人体功能态进行研究，发现了人体的醒觉、睡眠、警觉和气功等功能态的各自目标点和目标环，使得系统科学理论在人体系统上体现出来了。钱学森也曾将人体科学与自然科学、社会科学相提并论。系统的概念是在人类长期社会生产生活实践中产生的。20 世纪 40 年代以后"系统"这个概念得到广泛应用，人们对其内涵认识也逐步深化。从贝塔朗菲定义出发，人们不断地丰富"系统"的内涵，从不同的角度提出了不同的定义，ISO9000 标准将系统（System）定义为"系统是相互关联和相互作用的一组要素"，但万变不离其宗，不离系统的基本特征。如今系统的概念或已经泛化，可泛指一切事物。

系统概念的数学表达。系统的简化数学表达为：

$$S = \{A, R\} \tag{2.9}$$

A 代表元素；R 代表关系。S 代表系统，表明是元素和关系的集合。公式 2.9 是简化的数学表达方式。当系统组分之间关联关系复杂到一定程度时，不能简单地用集合论来表述系统。

系统的整体涌现性千差万别。子系统或者组分按照一定方式整合成为系统，就会产生质的飞跃，产生出整体的特性、行为、功能、形态、状态等。这些整体特征是子系统或者组分不具备的。一个系统一旦被分解了，系统的整体性就不复存在了。当然，子系统也具备系统的基本特征，但子系统的整体性和大系统的整体性有质的区别。系统科学把系统整体才有而孤立子系统不具有的特性称为整体涌现性。举例：一支球队，无论是足球队，还是篮球队，个人英雄主义有突出作用但不能完全成就球队，需要所有的球员相互配合，球队才能取得和拥有辉煌的成绩。再如：中医学以阴阳五行为理论基础，将人体看成"气""形""神"的统一体，践行着复杂系统理论。阴阳是古代的对立统一学说，阴阳对立、阴阳相冲、阴阳转换是事物孕育、发展、成熟、衰退直至消亡的原动力。五行[①] 则是原始的系统论，包含着阴阳演变过程中的五种基本形态，五行看似相克（金→木→土→水

---

① 五行与方位、人体五脏的对照：金（西、肺）、木（东、肝）、土（中、脾）、水（北、肾）、火（南、心）。

→火）[①]、其实相生（木→火→土→金→水）[②]，说明了世界万物的形成及其相互关系。再如，大雁南飞排列成整齐的队列，并非是由于有一只领头鸟在指挥其他各鸟的行动，而是由于每只大雁在飞行中都遵循它和邻近大雁相互位置关系的简单规则行动。鸟的群集这样的复杂行为可以从鸟实施局部的简单规则中整体涌现出来。涌现是任何复杂系统的共性，且涌现通过混沌边缘（Edges of Chaos）产生，从而实现从无序到有序的过程。系统的整体涌现性一般呈现非还原性、非加和性。系统性是加和性与非加和性的统一，系统的有些属性是非加和的，系统的有些属性又可能是加和的。系统的整体涌现性的质和量千差万别，由此产生了现实世界中无穷无尽的系统。系统科学是探索整体涌现性发生的条件、机制、规律以及如何应用使之造福于人类的知识体系。以简单视角观察，整体的涌现性可以表现为以下三种基本情形：

$$W = \sum_{i}^{n} p_i; W < \sum_{i}^{n} p_i; W > \sum_{i}^{n} p_i \tag{2.10}$$

其中：W 代表整体性（Wholeness），i 代表某个子系统或组分，p 代表子系统或组分（Part），n 代表多少个子系统或组分。公式2.10，显示了人们熟知的普遍道理，即"1+1=2""1+1<2"或"1+1>2"。

2.3.1.2 系统的基本特征

系统的结构。系统 S 可以分为若干子系统 Si，子系统具有系统的基本属性，子系统中的元素具有基元性且一般不讨论其结构。系统的结构又分为有序结构和无序结构，只有有序结构的系统才有组织系统，而无序结构的系统虽有结构但可能形不成普遍认可的组织。结构的有序和无序的衡量也是相对的，而且受到人们认知水平的制约，有的结构呈混沌状，貌似无序实则有序。结构的方式无法穷尽，缺乏完备的分类方法。以内在机理划分，可包括框架结构和运行结构。以表象划分，可包括空间结构、时间结构、时空结构。

系统的层次观。层次为研究系统提供了一个参考系，不同层次的子系

---

① 刚胜柔，故金胜木，因为刀具可砍伐树木；专胜散，故木胜土，因为树木可扎根土里；实胜虚，故土胜水，因为堤坝可阻止水流；众胜寡，故水胜火，因为大水可熄灭火焰；精胜坚，故火胜金，因为烈火可熔化金属。

② 木生火，木干暖生火；火生土，火焚木生土；土生金，土藏矿生金；金生水，金凝结生水；水生木，水润泽生木。

统问题不能相提并论。层次是认识系统结构的重要工具，层次分析是结构分析的重要方面。层次的划分有时是比较困难的，所以出现了模糊层次法（Fuzzy Analytic Hierarchy Process）一说。系统科学要研究：系统是否分层次？分哪些层次？每个层次的起源？不同层次的差异、联系、衔接和相互过渡？不同层次间的相互缠绕？层次界限的确定性与模糊性？层次与复杂性的关系？层次结构设计的原则等诸多问题。

系统的环境。系统是置于环境之中的，如 1.1.3 小节所指案例"营商环境造就了新加坡经济奇迹"。环境在系统科学研究中的作用举足轻重。环境的复杂性是造成系统复杂性的重要根源。系统环境在系统分析研究中，具有极其重要的作用。系统对环境具有依赖性，系统在环境中运动、演化，系统的结构、状态、属性或多或少都与环境有关。环境对系统具有约束性，同样的元素在不同的环境下须按照不同的方式整合，形成不同的结构，从事物的联系看，任何系统都是从环境中相对划分出来的。系统中元素的性质随环境而变化，环境是决定系统整体涌现性的重要因素，系统要适应环境和环境的变化。系统的任何行为都会对环境产生影响，同一个环境中众多系统的共同作用会使环境系统发生变化。从量变到质变，环境系统也会出现整体涌现性。系统环境是系统之外的一切与它相关联的事物构成的集合。用数学公式表示为：

$$E_s = \{x \mid x \in s\} \tag{2.11}$$

其中 E 代表环境（Environment），x 代表系统之外的但与系统相关的各类因素，s 代表系统，x 与 s 具有不可忽略的联系。系统与环境是相对的，同一系统的环境划分也不尽相同。凡系统都有边界，边界的存在是客观的。只不过有的系统边界明确，有的系统边界不明确或模糊。从空间上看，边界是把系统与环境分开的所有点的集合。从逻辑上看，边界是系统形成关系从起作用到不起作用的界限，边界规定了系统组分之间特有的关联方式起作用的最大范围。经济系统置于一定环境之中，每个经济系统均有其边界条件，只不过经济系统的边界有时显得比较迷糊，或是由于人类包括经济学家对经济系统的认知不足。

系统的开放性与封闭性。系统与环境的联系是通过物质、能量、信息的交换实现的。系统能够同环境进行交换的属性称为开放性，系统阻止自身同环境进行交换的属性称为封闭性。系统的生存既需要开放性也需要封闭性，系统性是开放性与封闭性的统一。按照系统与环境的关系，可以分为开放系统和封闭系统。实际的系统与环境或多或少都有交换，所以，一定程度上，都是开放系统。系统科学也把环境看成系统，对环境系统做系统分析，只不过环境系统的组分之间联系一般较弱、不规则、系统性差。

系统的行为与功能。系统相对于它的环境所表现出来的任何变化称为系统的行为。行为属于系统自身的变化，是系统自身特性的表现，与环境有关，反映了环境对系统的作用以及相互反馈。不同系统有不同的行为，同一系统在不同的情况下行为不同。系统科学研究系统的各种各样的行为，包括：维生行为，学习行为，适应行为，演化行为，自组织行为，（非）平衡行为，局部行为，整体行为，（非）稳定行为，（非）临界行为，动态行为等等。系统功能是刻画系统行为的重要概念，是指系统行为所引起的、有利于环境中某些事物乃至整个环境存续与发展的作用。系统功能被作用的外部事物，称为系统的功能对象。系统的整体涌现性，起码要反映在功能上，系统的整体功能未必等于部分的功能之总和，一般整体应当具有部分及其总和所没有的新功能。系统的功能一般不是性能，功能是一种特殊的性能。性能指系统在内部相关和外部联系中表现出来的特性和能力。例如：流动性是水的性能，利用水发电则是它的功能。系统性能的多样性决定系统功能的多样性，系统的功能由结构和环境共同决定，系统功能的发挥需要环境提供各种适当的条件、氛围。只有在环境确定的条件下，结构才决定功能，这时结构是功能好坏的决定性因素。同样的元素，结构不同，系统功能差异可能很大。

系统的状态和演化。系统状态是指系统的那些可以观察和识别的状况、态势、特征等。例如：人的健康状态、病态、清醒状态和昏迷状态、睡眠状态等。状态可以用状态变量来定量描述。例如，人的状态可以用体温、血压、脉搏等状态变量的值来描述。不同的数值代表不同的系统状态。选择状态变量一般要求完备性和独立性。完备性是指状态变量要足以全面描述系统的状态。独立性是指任何状态变量都不能表示为其它状态变量的函数。状态有静态与动态之分，根据状态变量是否随时间变化，可把系统分为静态系统和动态系统。演化是系统的普遍特性，只要时间尺度足够大，任何系统都是处于或快或慢地演化之中。导致系统演化的动力来自系统的内因和外因，内因是根本，外因是通过内因起作用。系统由高级到低级、由复杂到简单，称之为退化。系统由低级到高级、由简单到复杂，称之为进化。系统的演化过程是子系统之间通过正负反馈适应及改造环境的过程。正反馈的作用是使系统像不稳定方向发展，是事物发展的根本动力；负反馈则让系统保持平稳，阻碍发展。

　　系统的过程。系统的运动、演化都是过程，研究系统必须研究过程。过程是在时间维即时间算子中展开的。经典动力学意义上的时间 t 只是一个外在的几何参数，没有方向，过去与未来是反演对称的。用 –t 代替 t 所观察到的情景没有区别。从牛顿力学到相对论和量子力学，基本运动方程都是时间反演对称的。例如牛顿第二定律方程：

$$F = m\frac{d^2x}{dt^2} \tag{2.12}$$

　　其中 F 代表物体所收到的力；m 代表物体的质量；$\dfrac{d^2x}{dt^2}$ 代表 x 对 t 求二阶导，得到加速度。t 代表可逆时间，无论描述过去和未来都没有区别。而对于热力学、统计物理学、自组织理论等描述的系统，时间具有方向性，过去和未来不对称。例如描述热传导的傅立叶方程：

$$\frac{\partial T(x,t)}{\partial t} = -\rho\frac{\partial^2 T(x,t)}{\partial x^2} \tag{2.13}$$

　　其中 ρ 代表热传导系数，$T(x, t)$ 为 t 时刻 x 点的温度。公式 2.13 的左边计算在 t 时刻热量的传导量，其和传导系统 ρ 成反比，即热量传递的方向（热流量传递方向是从高温到低温）则与温度升高的方向相反（温度梯度的矢量是从低到高），$\dfrac{\partial^2 T(x,t)}{\partial x^2}$ 代表求 x 的二阶偏导数，即在 x 方向上的传热速率（一阶导数为在 x 方向上的传热密度）在下降。用 -t 代替 t，运动方程将变号。该方程说明它描述的系统行为具有时间反演不对称性。有方向性的时间称为时间之矢，时间之矢存在可逆和不可逆过程，例如钟摆就是典型的可逆过程，而热扩散和物质扩散是典型的不可逆过程。按数学特性，系统过程可分为：连续过程和离散过程，线性和非线性过程，确定性过程和随机过程，平稳过程与非平稳过程，有记忆过程和无记忆过程等。系统科学主要研究不可逆过程和复杂过程。

　　系统的稳定性与定态。系统稳定性是指系统的结构、状态、行为的恒定性，即系统结构、状态、行为的抗干扰能力。稳定性是系统存续的必要条件，系统稳定性越好，系统维生能力越强。与稳定性相关的几个重要概念：

（1）状态空间或相空间。表示为一系统所有可能状态的空间，通常假象为六维空间，即系统所有状态的集合。一个非线性连续的动力学方程或演化方程为：

$$X^{'} = F(X,U) \tag{2.14}$$

状态变量 X 代表 $(X_1, X_2, ..., X_n)$，表示为 n 维的空间。$X^{'}$ 也是 n 维，表示 X 的相，是由函数支撑的若干个点构成的向量。在多元统计学中，如果同时对 p 个变量做一次观察，得到观测值为：$(x_{11}, x_{12}, ..., x_{1p}) = X^{'}_{(1)}$，此时 $X^{'}_{(1)}$ 代表的是一个样品，是一维的随机向量，可以类比。

（2）相轨道。演化方程的每个解 $X(t)$ 代表了状态空间的一个点集合，称为一条相轨道。状态沿轨道运动形成一个流，演化方程有无穷多个解，空间的轨道或者流线有无穷多条，从整体上把握系统的动态特性。

（3）控制空间。以控制变量 $U=(u1, u2, ..., um)$ 为坐标轴构造的空间，累计有 m 维的空间。

（4）暂态。系统在某个时刻可能到达但不借助外力就不能保持或者不能回归的状态或状态集。图 2-1 中的 B 点就属于暂态。

（5）定态。系统到达后如果没有外力作用将保持不变的状态或者反复回归的状态或状态集。定态由状态空间的点集描述。状态空间几乎是由暂态点填充的，定态点只是其中的极少数。图 2-1 中的 A 和 C 点就属于定态。

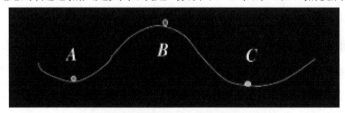

图 2-1　暂态动态示意图

（6）相变。相变指系统从一种定态到其它定态的变化，它是系统定性性质的转变。系统演化理论主要研究定态。定态有四：一是平衡态，指系统处于平衡运动。二是周期态，指系统由相空间的一条封闭曲线表示，代表系统的一条周期轨道，数学上称为极限环。

——平衡态。平衡态有时可以被视为不动点，不动点是简单的定态。不动点原理也叫压缩映像原理或巴拿赫（Banach）不动点定理，指完备的度量空间上，到自身的一个压缩映射存在唯一的不动点。拓展到一般的拓扑空间上，假设 X 是拓扑空间，$f:X \rightarrow X$ 是一个连续映射，且存在 $x \in X$，使得 $f(x)=x$，那么 x 被称为不动点。不动点是稳定和均衡的代表，如博弈论中的纳什均衡、瓦尔拉斯创立的一般均衡和马尔可夫链的平稳分布都是不动点。

——周期态。设 s(t) 满足：$s(t+T)=s(t)$，T 为常数，则称 s(t) 是一个以 T 为周期的周期解，这说明 t 与 $t + T$ 的函数值相等，而 $|(t + T)-t|=|T|$，故相距一个周期的两个自变量的函数值相等。周期函数的图像特征是一个周期内的图像向左、向右重复出现。它由相空间的一条封闭曲线表示，代表系统的一条周期轨道，数学上称为极限环。极限环的物理含义是，表示自然界里一些有运动周期的系统，即便受到干扰，也会逐渐回到原先的周期状态。比如，人呼吸的频率，即使在某一时间可以控制改变呼吸的频率，但当不去控制的时候，就会自然变回原来的频率。

——拟周期态，系统由多个不同周期且周期比为无理数（无限不循环小数）的周期运动叠加在一起的复杂运动形式，周期比为无理数则标志着具有混沌特征。四是混沌态，系统是非周期的，包括混沌吸引域和混沌吸引子。以下对上述概念做进一步解释。

——混沌态。混沌（chaos）是指现实世界中存在的一种貌似无规律的复杂运动形态。基本共同的特征是原来遵循简单物理规律的有序运动形态，在某种条件下突然偏离预期的规律性而变成了无序的形态。混沌吸引域是指混沌运动轨道局限于一个确定的区域内，是混沌运动遍历性的体现，即混沌变量能在一定范围内按其自身规律不重复地遍历所有状态，而混沌轨道将经过吸引域内的每一个状态点。混沌吸引子一般指 n 维空间一个点集的一种几何性质，它们具有无限精细的结构，系统状态在相空间中总是收敛于一定的吸引子，这与分形生成过程十分相似。吸引子是指系统在空间中吸引轨迹的集合，吸引域是一种与特定吸引集密切相关的集合。可通过吸引子和吸引域对整个系统的稳态进行判断。如图 2-2 和图 2-3 所示。

图 2-2 混沌吸引域

图 2-3 混沌吸引子

系统的分类。一是按照系统的主客观成分，可以划分为自然系统和人造系统。自然系统是自然界固有的，不以人的意志为转移。人造系统则是人类为了生存和发展的目的所创造的系统。客观世界是由自然系统和人造系统这两大子系统组成的，二者之间存在着相互联系、相互影响，特别是人为改造的自然系统，关系更为密切。二是按照系统的感知程度，可以划分为实体系统与概念系统。实体系统是由一些实物和有形的组分构成的系统。概念系统是由一些思想、规划、政策等概念化符号来反映系统内部的组分及其属性所组成的系统。具体到某个实际问题上，实体系统与概念系统是有联系而且可以转化的。三是按照系统的规模，划分为小系统、大系统和巨系统。规模是相对的概念，很难给出定量的尺度。四是按照系统的结构，可以划分为简单系统和复杂系统。一般而言，小系统属于简单系统，大系统、巨系统可能简单也可能复杂。简单和复杂也是相对的关系，同样很难给出定量的尺度。

2.3.2 复杂经济系统和复杂经济学的重要基础

2.3.2.1 初识复杂经济系统

所谓经济系统，就是系统这一概念在经济领域的应用。如 2.3.1.1 小节所云，系统的概念已经泛化。经济系统在经济领域客观存在，它涉及宏观经济与微观经济，包含各类巨、大、小系统。经济系统的内涵十分丰富，包含生产、分配、流通、消费、贸易、投资、金融等经济领域的方方面面。经济系统的触角也较广，涉自然人、市场主体、政府、国际组织等。经济系统可以大到全球、区域、一国的宏观经济系统，也可以小到微观企业的生产系统、产品系统、财务系统、工资系统等。

复杂经济系统通常可以基于经济环境、经济资源、经济元、流四要素来描述。任何一个经济系统必然置于一个经济环境之中，经济环境表明经济系统除了受到内部直接因素的影响之外，还受到外部间接因素的影响。任何一个经济系统的运行，都会主动或被动消耗、影响一切相关的可利用的物质资源和精神资源，经济学的本质就是研究经济资源的配置与效率。经济元是指具有一定功能的不同组织水平上的经济单元，或为个人、企业、国家等。流是指经济元之间、经济元与经济环境、经济资源间的物质循环、能量流动、信息传递等。

经济系统的主体归根结底是人，所以具有复杂性。人是复杂的智能动物。经济系统最终由人来实现的，表现为与人相关的一切活动以及人与环境的关系。由于人具有适应性和智能性，非确定性、模糊性、不确知性等特征明显，所以，经济系统会根据环境来调整自身的状态和行为、发生适应性变化，并且能够辨识环境、在实践中学习、预测未来。同时，个体相对较低的智能行为，在整体上显现出系统的更高层次、更加复杂的智能行为。不同规模和层级的经济系统，具有不同的复杂性。

2.3.2.2 初识复杂经济系统建模

复杂经济学研究的经济系统模型具有较强的复杂性。复杂经济学研究的经济系统往往属于概念系统，具有较强的复杂性。对复杂的经济系统进行研究，一般需要构建系统模型。经济系统模型从形状来看，可以是物理模型、数学模型，也可以是将知识进行形式化和结构化抽象的知识模型。其中数学模型可以分为解析模型（给出解的具体函数形式）和数值模型（在特定条件下通过近似计算得出一个数值），也可以划分为线性模型和非线性模型。知识模型可以分为结构模型和功能模型，功能模型又可分为仿真模型、预测模型、分析模型、评价模型、优化模型和决策模型等。从时间维度看，可以分为是静态模型和动态模型。

复杂经济学对经济系统的研究注重建模。经济系统既有系统的一般属性，又赋予经济特征。研究系统的内容，主要指系统的演化规律，具体包括：系统对象的结构、层次、环境、行为、状态、演化、过程等。研究系统的方法，具体包括：描述、建模、分析、综合的理论方法和实证方法。系统建模是系统工程解决问题的必要工具。要对复杂经济系统进行有效的分析研究并得到有说服力的结果，就必须首先建立经济系统模型，然后借助模型才能对经济系统进行定性与定量相结合的分析。经济系统建模的必要性，具体在于：（1）填补无实体系统的需要。经济系统往往还没有实体，对一个还没有实体的系统，难以对对象系统做分析、综合、优化、决策、评价等，所以需要借助于系统模型。（2）出于经济核算和安全管理的需要。经济系统是个广义的概念，有的已经有实体的原对象系统，为了降低研究和试验费用，不能在系统实体上进行试验。有的出于安全考虑，不能在系统实体上进行试验。有的虽然有系统实体，但是难以形成试验条件。故基于多种需要，可建立数学模型，然后进行仿真试验。（3）简化问题的需要。将原本复杂的对象系统抽象成反映本质属性的概念系统（系统模型），使问题得以简化。经济系统模型往往是系统或系统某一方面本质属性的描述，并非对原对象系统面面俱到的细致描述，它以某种确定的形式，例如文字、符号、图表、实物、数学公式等，提供该系统某个方面的知识，以便完成对该系统分析、综合、优化、决策和评价等工作。（4）应用研究工具（计算机）的需要。经济系统工程的研究对象往往是规模巨大、结构复杂、层次众多、信息丰富的大系统或巨系统。对这类系统的分析、设计、管理和控制，都需要科学计算。所以，需要把经济系统的问题转换为能够用计算机处理的问题，包括：硬件、系统软件、应用软件、用户程序、数学模型、环境等。

复杂经济学对经济系统建模是技术也是"艺术"。对经济系统建模是复杂经济学至关重要的工作，也是体现复杂性科学在经济系统的应用程度。就复杂经济学而言，对经济系统建模不但是一门技术，还是一门"艺术"，需要以哲学为统领，综合集成各学科的优势和作用。复杂经济学对经济系统建模的基本步骤应当包含：（1）明确问题与目标。问题不同、目标不同，建立的模型不同。（2）成分和变量的选定。问题和目标明确了，则系统的内部变量、输出变量就自然而然地基本上明确了。这时需要选定的是外生变量。外生变量太少，模型会失效，外生变量太多，则会使得模型变得过于复杂。从理论上讲，复杂经济系统并不担心变量的众多，而且期望能够找到更多的有价值的变量。在规划设计未来还没有实体的系统时，特别是对于经济系统，抽象出变量是个很困难的事情，需要集思广益，更多地利用定性分析方法来选定变量。（3）粗略模型的建立。这个作业亦叫作系统的结构化。系统越复杂，这个工作越重要。这种粗略模型是表示变量之间的联系程度，是表示系统本质的模型。一般用流程图、关联矩阵、相关树图表等来表示。（4）通过分割粗略模型，把粗略模型分割成子系统。（5）子系统的模型化。选出适当的状态变量，以数学形式给出外生变量与内部变量之间的关系。简单的结构化子系统，可以用定量分析的方法来确定变量之间的数量关系，或者利用数学分析把状态与信息之间的逻辑关系表示出来。非结构化的对象子系统，则需要通过调查、实验等手段采集足够多的样本数据，利用统计数学的方法，找出变量之间的数量关系。（6）整个系统的模型化。注意子系统之间的联系，添加必要的接口，包括变量、信息的转换等。系统内部的子系统之间存在强耦合作用以及非线性特征。（7）模型参数估计。参数估计是系统建模中很重要的工作，往往需要反复进行，可借助人工智能（AI）和机器学习来完成。参数不正确影响了模型的正确性。（8）模型的检验。应当创造条件进行仿真试验来检验系统模型的正确性。（9）模型的改进和确定。一旦原对象系统有了变化，要根据对象系统新的内部和外部条件重新建模。模型是有阶段性的，需要不断改进。实践是检验模型的一致性和有效性的最终标准。

关键词

钱学森 美国圣塔菲研究所 布莱恩·阿瑟 基态 相变 正态分布

x^2 分布 t 分布 F 分布 鲁棒性 非线性 非平稳 非对称 还原论

本征微观态 系统 系统涌现性 系统结构 系统层次 系统环境

系统开放性 系统封闭性 系统行为 系统功能 系统性能

系统状态 状态变量 静态系统 动态系统 正负反馈 系统过程

时间之矢 定态 状态空间 相空间 相轨道 暂态 极限环

混沌吸引域 混沌吸引子 平衡态 周期态 拟周期态 混沌态

吸引子 吸引域 不动点 自然系统 人造系统 实体系统 概念系统
经济系统 复杂经济系统 经济环境 经济资源 经济元 流
系统建模 经济系统建模 外生变量 状态变量 耦合 人工智能
机器学习

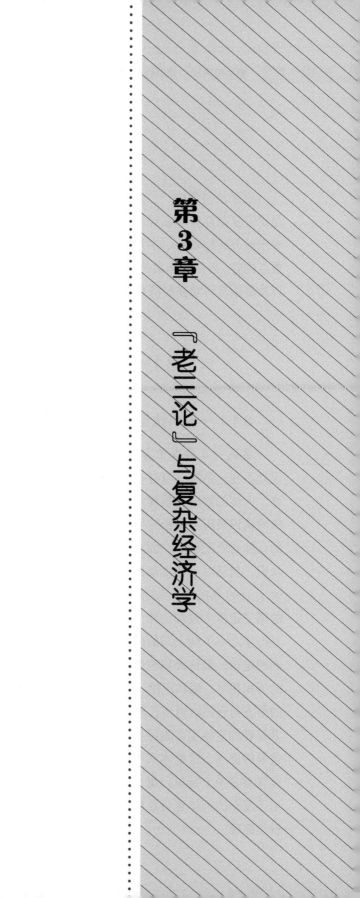

第 3 章

『老三论』与复杂经济学

在系统科学中，"老三论"指系统论、信息论和控制论。复杂经济学是研究复杂性科学在经济系统中应用，所以，"老三论"与复杂经济学有着千丝万缕的联系。本章从"老三论"形成背景与历史演变出发，探究其重点内容。再以具体案例为抓手，来诠释"老三论"与复杂经济学的相关性，以及复杂性科学在经济系统中的应用。

3.1 一般系统论与复杂经济学

3.1.1 一般系统论形成背景与历史演变

系统一直存在于客观世界中。朗朗天地乾坤，浩渺日月星辰，系统无处不在。系统一直存在于客观世界中是客观事实，且不以人的意志而转移。人体的物质与精神结合的本身就是完完全全的复杂巨系统。人类对系统的认识经历了漫长的岁月，到目前（2024 年）为止，仍然是对简单系统的认知与研究较多，而对复杂系统的认知与研究相对较少。人们对系统的认识，包括对天体运动的认识，早就有之。可追溯到开普勒三定律，即发表于 1609 年的第一和第二定律（椭圆定律、面积定律）和发表于 1619 年的第三定律（调和定律）。椭圆定律，又称轨道定律，指所有行星（地球是行星之一）绕太阳的轨道都是椭圆形的，太阳位于椭圆的一个焦点上。面积定律，又称面积速度定律，指行星和太阳的连线在相等的时间内扫过的面积相等。调和定律，又称周期定律，行星绕太阳一周的时间周期（T）的平方与它们轨道半长轴（a）的立方成比例（$a^3/T^2=k$），其中 k 为常数。开普勒的这些定律为经典力学的建立和牛顿的万有引力定律的发现提供了重要的提示，这里本人不质疑不讨论开普勒三定律本身，也无法知晓宇宙究竟有多少个行星，每个行星的运行规律也无法一一实证，只是由此也揭示了复杂的天体运行系统其实也是有规律可循的，这是一个基本的复杂性科学原理。

"强调科学和技术结合"的第二次工业革命促进了一般系统理论的形成。人类对系统的系统全面认识,直到 20 世纪 30 年代前后,才逐渐形成了一般系统论。一般系统论来源于生物学中的机体论,是在研究复杂的生命系统中诞生的。1925 年英国数学家和哲学家阿尔弗雷德·诺斯·怀特海(1861—1947)在《科学与近代世界》著作中以形而上学(指对世界本质的研究,即研究一切存在者一切现象尤其是抽象概念的原因及本源)视角,接受机体哲学和过程哲学的观点,提出用机体论代替机械决定论,认为只有把生命体看成是一个有机整体,才能解释复杂的生命现象。美籍奥地利理论生物学家贝塔朗菲(1901—1972)多次发表文章表达一般系统论的思想,贝塔朗菲的一般系统论是在 20 世纪 40 年代提出来的,他是这一理论的主要贡献者之一。贝塔朗菲于 1945 年发表了《关于一般系统论》,这标志着系统论作为一门新兴学科诞生了。人类在经历 19 世纪中期的第二次工业革命"电气时代"后,强调科学和技术的结合,20 世纪初的现代科学技术推动科学"总"的趋势走向综合,边缘学科林立,经典学科的界限变得模糊。科学学也应运而生,驱使科研工作者以整体的观点来研究不同学科中的共同规律。

3.1.2 一般系统论的主要内容

一般系统论的主要内容,其实在第 1 和第 2 章中已经有所体现。需要再次强调和重复的是:

(1)系统论超越还原论,建立了整体论的方法论。还原论主张将高层次还原为低层次,将整体还原为各组分加以研究,是朴素原子主义(物质可以被分解为不可再分割的微小粒子即"原子")、机械主义(原子是世界的本原,原子属性等同于物质属性,故具有机械性)和物理主义(主张一切都随附于物理)的体现。还原论仍是基本的研究方法,过去、现在和未来均有其生存发展空间。整体论强调研究高层次本身和整体的重要性,整体论也需要还原论,不要人为将这两方法割裂开来。

(2)系统论重视对开放系统的研究,强调环境的作用,超越普通物理学只重视研究封闭系统的限制。热力学定律的前提是封闭系统。热力学第一定律表明,人类无法制造出"第一类永动机",即指望某物质循环回复到初始状态、不吸入热能而向外持续释放热能或做功是不可能的。热力学第二定律表明，熵（entropy）增原理属于不可逆的，热传导是有方向性的，不可能使热量由低温物体传递到高温物体而不引起其他变化，所以，人类也无法制造出"第二类永动机"，即从单一热源吸热使之完全变为有用功而不产生其它影响。这是因为热量的传递和转化总是伴随着熵的增加，即系统的无序程度会增加，从而对系统不可能不产生影响。例如，一个东西，如苹果、蔬菜、鸡蛋等放在那里，只会变得越来越混乱、无序，也就是熵在不断地增加，这就是熵增定律。进一步扩展地分析，热力学第一定律告诉人们，宇宙中的能量是守恒、不灭的，不可能凭空产生，也不可能凭空消失，只能在各种形式间相互转换。封闭系统中，在传递方向上，一定是从高温到低温的单向过程。为了解释科学，1865 年德国物理学家克劳修斯将热力学系统中引进了一个状态函数——熵，系统熵（dS）的变化等于系统所吸入的热量（dQ）与热源温度（T）之比，其物理表达式为：$S = \int dQ/T$ 或 $ds = dQ/T$。开放系统是指与外界环境存在物质、能量、信息交换的系统。在环境的作用下，系统可以从一个平衡态进入另一个平衡态。在外部环境和系统内在的作用下，系统可能会出现可逆过程。所谓可逆过程是指系统从状态一变到状态二之后，系统和环境都能恢复到原来的状态。可逆过程是准静态过程，而准静态过程是一种理想过程，指过程的改变无限缓慢时在每一个极短的步骤内系统保持非常接近平衡的状态，但准静态过程不一定是可逆过程。

（3）系统论强调用精确的数学语言来描述系统，所以系统论有时又被称为数学系统论。系统论强调用数学方法定量地描述系统功能，卡尔·马克思曾经说过，"一种科学，只有在成功地运用数学时，才算达到了完善的地步"。成立于 1998 年 12 月的中国科学院数学与系统科学研究院，是在中科院数学研究所（始建于 1952 年）、应用数学研究所（始建于 1979 年）、系统科学研究所（始建于 1979 年）及计算数学与科学工程计算研究所（始建于 1995 年）四个研究所的基础上整合而成，足见系统论与数学、计算机科学的紧密联系。

此外，还需要提及的是系统哲学与系统工程。系统哲学是将系统论的科学方法论上升到哲学方法论的地位。系统工程脱胎于系统论，是研究复杂系统的组织管理的技术。

3.1.3 一般系统论整体性原则在复杂的企业管理中应用

系统的整体性是系统的本质属性之一。将一般系统论中整体性原则应用到企业管理中，根据一般系统论基本原理和实践经验总结，我认为一般需要坚持做到基本的 "2A2C" 原则，即覆盖 "两全" 范畴，全员和全要素；注重 "两性" 特征，时变性、结构性特征，以体现一般系统论的整体观，包括以人为本、全要素观测、时间序列、环境变化、最优结构功能等思想。

（1）全员（All staffs）树立系统的观念。企业上下尤其是管理者必须顾全大局，"不谋全局者，不足谋一域"。企业管理贯彻以人为本，统筹规划，处理好局部与整体的关系，做到局部利益服从整体利益。

（2）全要素（All factors）服从系统的管理。人是生产力中最活跃的因素。除了人之外，系统中各要素的性质和行为都会影响到系统整体的效能，应致力于提升全要素生产率，特别注意提高企业关键要素和薄弱要素的功能，防止因部分要素功能的低下而产生 "木桶效应"。

（3）注重系统的时变性特征（Characteristic of time-varying）。随着时间的变化，环境会发生变化，系统中的各要素有可能发生变化。诸如，"时间是治疗失恋的良药""环境造就人""时势造英雄"，说的就是这个道理。具体到企业管理上，需要关注动态，做到静态与动态相结合。

（4）注重系统的结构性特征（Characteristic of structure）。系统结构决定系统功能，由相同要素组成的企业，按不同的方式组织和管理，则会产生不同的效果。合理的结构方式产生正的结构效应，产生放大效应。不合理的结构方式产生负的结构效应，整体将小于部分之和。具体到企业管理上，需要因人而异、因要素而异来构建系统结构，注重系统的结构间、结构内的人与人、要素与要素之间的相互影响与作用。

基本的 "2A2C" 原则，在贝塔朗菲使用的一组联立的微分方程中得到体现，该组方程描述了系统的相关性：

$$\frac{dQ_1}{dt} = f_1(Q_1, Q_2, ..., Q_n)$$

$$\frac{dQ_2}{dt} = f_2(Q_1, Q_2, ..., Q_n)$$

$$\cdots \qquad \cdots \qquad (3.1)$$

$$\frac{dQ_n}{dt} = f_n(Q_1, Q_2, ..., Q_n)$$

式中：$Q_1, Q_2, ..., Q_n$ 为 n 个要素的特征；t 为时间；$f_1, f_2, ..., f_n$ 表示相应的函数关系。公式组 2.1 表明，系统任一要素随时间的变化是系统所有要素变化的函数，即任一要素的变化将会引起其他要素发生相应的变化乃至整个系统的变化。

3.2 控制论与复杂经济学

3.2.1 控制论形成背景与历史演变

20 世纪 40 年代左右，控制论逐渐成为一门学科。学界通常认为控制论形成的标志，是以麻省理工学院诺伯特·维纳 1948 年发表《控制论》算起，维纳在《控制论》中详细地阐明了一般控制理论的方法。维纳甚至被业内誉为"控制论之父"。

控制论的诞生，有着悠久的思想铺垫和深厚的学科基础。其实早在两千多年前，史称"医书之祖"的《黄帝内经》已经蕴含了朴素的控制论思想。西方从英国麦克斯韦[①]（1831—1879）和 19 世纪中期的苏联机械学家维什涅格拉特斯基的工作开始，控制和反馈系统的理论就已经发展起来了。虽然这些工作都没有形成系统的思想和理论，但是对维纳《控制论》的形成奠定了基础。

3.2.2 控制论的主要内容

控制论涉及的内容较广，此处重点提及最优化控制论、工程控制论和经济控制论。

最优化控制论是控制论的核心内容之一。1960 年左右，最优控制理论得到迅速发展。该理论的根本目标是从众多候选方案中，选择其中的最佳方案。得到的最优方案并不一定意味着在各项性能指标上总是最优，因为"全优"是理想状态，现实中很难做到"全优"，但可以保证得到的方案在某些指标上最优。最优化控制被应用在很多高科技领域，如航天飞行器、

---

① 一般认为，麦克斯韦是从牛顿到爱因斯坦这一整个阶段中最伟大的理论物理学家。

激光武器等。控制论中的信息、反馈等重要概念为最优化控制的形成建立了基础。20 世纪 50 年代中期的苏联学者庞特里亚金提出的最大值原理，20 世纪 50 年代初的美国数学家贝尔曼提出的动态规划，1958 年匈牙利裔美国数学家卡尔曼的随机控制系统最优滤波器，以及库恩（1925—2004）和图克（1905—1995）于 1945 年提出的库恩—图克定理（约束优化问题的工具）等，构成了最优化控制的基本理论。

工程控制论继承了伺服机构理论的体系。伺服系统，又名随动系统，是指在自动控制系统中，能够以一定的准确度响应控制信号的系统。工程控制论在早期自动化控制伺服系统的基础上得以发展，是将控制论的基本理论和方法用于工程技术方面。中国工程控制论的鼻祖是钱学森。20 世纪 50 年代初，钱学森的工程控制论，为导弹与航天器的制导理论奠定了基础，对中国的火箭导弹和航天事业的迅速发展做出了重大贡献。

经济控制论。经济控制论是指控制论的理论和方法运用于经济领域而形成的一门学科。1950 年后，西方国家开始探索将控制论方法应用于社会经济系统的研究。1951—1953 年，加利福尼亚大学的史密斯教授就运用电子模拟装置来模拟经济体系，分析研究了其稳定性和对各种干扰的反应。1971 年，美国控制论专家诺狄克，构建了一个包括 27 个状态变量和 3 个控制变量（超额税、政府支出、货币供给量）的美国经济模型。

3.2.3 基于控制论应对复杂的中国经济外部环境

中国经济受到外部环境的影响。中国经济体是开放的经济体和巨系统，当然会受到外部环境巨系统的干扰和影响。外部环境巨系统对中国经济巨系统呈现相互反馈效应，呈现高度的复杂性。这里的外部环境比较复杂，为方便研究，特指除中国经济体之外的国际环境，主要涉及国际经济，如生产、消费、贸易、投资、金融等，也涉及全球科技变革与国际政治等。地震、海啸、战争、疾病等不可抗力因素忽略不计。中国经济需要更好地适应外部环境的变化，同时，中国作为大的经济体也会直接或间接影响外部环境。通过控制管理中国经济外部环境的不确定性，减少其负面影响、扩大其正面效应，以实现中国宏观经济管理的最优化和中国经济的高质量发展。

控制管理经济系统需要考虑系统的复杂性。从国外学者研究进展看，可供借鉴的研究成果包括：K. J. Arrow（1988）提出要更多地分析经济系统演化的机制，寻找到"经济演化的核心动力学机制"；R. Day（1994）从非线性动力学的角度指出经济系统中存在多重均衡、途径依赖、模式演化等现象；巴苏（Basu）（1996）采用遗传算法和分类器系统等高级人工智能技术，研制了美国经济微观模拟模型（ASPEN），研究多种类型经济个体的相互作用，以及由于主体不断适应环境，调整行为规则而在宏观经济中涌现出的规律；伊达尔戈（Hidalgo）等在 2007 年提出经济复杂性的概念，并在 2021 年使用降维技术来创建经济复杂性的指标，用于预测收入变化、经济增长、污染排放和收入不平等。在中国，徐明祺（2011）通过整理美国量化宽松货币政策、欧洲主权债务危机、长短周期因素不协调、全球化与全球治理的矛盾、世界经济格局快速演变等影响世界经济的复杂因素，分析中国在复杂的外部环境中对于经济政策的选择；毛征兵、陈略、范如国（2021）基于复杂适应系统理论，建立涵盖从微观至宏观完整经济联系的分析框架。

外部环境对中国经济系统影响的研究成果越来越多。如今，中国一些学者沿着前人的研究足迹，加快模型在定量研究中的应用。有学者通过可计算的一般均衡（CGE）、全局向量自回归（GVAR）评估模型，研究中国经济发展所面临的外部环境压力，以及这些压力对中国经济的影响。董婉路、李慧娟、杨军（2023）运用全球—区域 CGE 模型链接的方法，从国家和区域两个层面综合测算区域全面经济伙伴关系协定（RCEP）对中国、RCEP 其他成员国家以及中国深圳地区和国内其他地区的经济影响。梁冰、许文立（2022）利用 GVAR 模型，分析欧洲央行量化宽松措施对中国宏观经济的溢出效应及其传导机制。潘高远、陈樟（2020）基于国家间投入产出模型，综合正负两方面影响，借鉴凯恩斯乘数的分析思路，构建包含扩大效应以及替代效应的结构化乘数，并从数理上推导应对负面冲击的平衡条件。李能丽、王林（2022）依据 VAR 模型测度中国工业经济受到的冲击，分析美欧日货币供应量通过工业生产者购进价格和出口显著冲击中国工业经济增长。

基于控制论理念探索控制管理中国经济的外部环境。首先，构建一个由若干状态变量构成的中国经济健康发展状况测度模型，包括状态变量的健康指标区间值或虚拟变量值。其次，假设中国经济系统内部指标之间的相互影响作用为零，假设中国内部各类环境对内部经济因子影响为零的前提下，构建外部环境系统可能影响中国经济系统的由若干外部因子构成的模型，包括这些外部因子间的相互干扰，和这些外部因子以及由若干外部因子构成的外部环境如何直接或间接作用中国经济系统，含其作用的方向与力度且假设作用的方向仅为正负反馈，含由于外部因子和外部环境的影响带来中国经济系统内部指标之间的变化影响，以及含其影响外部环境的变化情况。最后，有针对性地控制管理这些外部因子和外部环境，或被动规避之，或主动应对之，或淡化处理之，或其他措施，最终寻求最优化的控制管理，包括局部均衡、一般均衡和静态管理、动态管理等，试图求得解析解或数值解，试图通过机器学习等手段不断放宽假设条件和迭代模型。

3.3 信息论与复杂经济学

3.3.1 信息论形成背景与历史演变

信息的概念。信息是信息论最基本的概念。牛津英文字典里给出的解释是"某人被通知或告知的内容、情报、消息"。不同的学者对信息概念的理解还不尽相同。综合起来，信息有四个基本特征：

1. 信息本身不是物质，它表征事物的状态和运动形式；

2. 信息是差异，体现个性特征，它表示物质和能量在空间和时间上分布的不均匀程度；

3. 信息充满世界，信息无处不在，信息无时没有，有物质的地方就有信息；

4. 信息是无形的，摸不着、看不见，必须依附于一定的物质形式（载体）存在。

1948 年香农论文的发表标志着信息论的诞生。1948 年，美国数学家克劳德·香农发表论文《通信的数学理论》，奠定了信息论的基础。香农在这篇论文中把通信的数学理论建立在概率论的基础上，借鉴了热力学的概念，给出了"信息熵"的概念，把信息中排除冗余后的平均信息量称为信息熵，定义了信源（信息产生的源头）、信道（信号传输通道）、信宿（接受处理来自信源的信息的目的地）编码和译码等概念，建立了通信系

统的数学模型，并得出了信源编码定理和信道编码定理等重要结果。这篇
论文的发表标志一门新的学科——信息论的诞生。后来信息论陆续在学术
界引起巨大的反响。卡夫（Kraft，1949）为给定码字长度集合，提供了前
缀码的必要和充分的条件。麦克米兰（McMillan，1956）发现了 Kraft-Mc-
Millan 不等式，证明了唯一可译码代码的普遍性。埃尔温·伯利坎普（Elwyn
Berlekamp，1967）发明了解码算法。Stolte（2002）首次提出极化码的编码
方案。

　　信息传输过程及其系统的基本模型。详见图 3-1 和图 3-2。

图 3-1　信息传输过程

图 3-2　信息传输系统模型

3.3.2 信息论的主要内容

　　信息论是应用数理统计的方法研究信息的传输、存储和处理的一门学
科，分为经典信息论和广义信息论，这里重点介绍前者。经典信息论，又
称为数学信息论、狭义信息论、近代信息论、香农（Shannon）信息论，是
在信息可以度量的基础上，研究如何有效、可靠地传递信息，创始人是美
国工程师香农（C. E. Shannon，1916—2001），被誉为"信息论之父"。

　　经典信息论主要研究通信系统中的数学规律。主要研究内容包括：①
定量描述信源与信息量；②信道与信道容量；③信源与信息间的统计匹配；

④信源与信道的编码定理。详见图3-3。

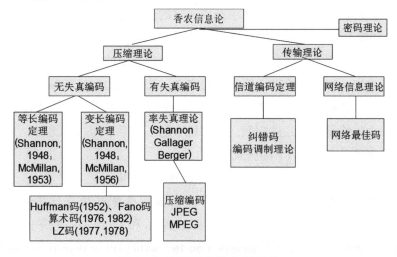

图3-3 狭义信息论体系结构

注：率失真理论旨在通过最小化失真来优化数据压缩问题

香农信息论包含以下三个论点。

——形式化假说。香农说："通信的基本问题，是在消息的接收端精确地或近似地复制发送端所挑选的信息。"通信的任务只是在接收端把发送端发出的消息从形式上复制出来，消息的语义、语用是接收端自己的事，通信设备在传输过程中保留了数学可描述的内容。香农的这种"形式化"假说，对复杂的信息问题进行分解，去掉了信息具有复杂、个性化特点和难于处理的消息的语义和语用因素，使得应用数学工具定量度量信息成为可能。

——非决定论。香农认为："各种消息的选择是随机的，设计者事先无法知道什么时候会选择什么消息来传送。"一切有通信意义的消息的发生是随机的，消息传递中遇到的噪声干扰也是随机的，通信系统的设计应采用概率论、随机过程、数理统计等数学工具。

——不确定性。香农指出："人们只有在两种情况下有通信的需要。其一，是自己有某种形式的消息要告知对方，而估计对方不知道这个消息；其二，是自己有某种疑问要询问对方，而估计对方能做出一定的解答。"这里的"不知道"和"疑问"在一般情况下，可归结为存在某种知识上的"不确定"。所以，信息是用来消除不确定性的。通信的作用就是通过消息的传递，使接收者从收到的消息中获取一定的信息。"不确定性"是与"可能性"相联系的，"可能性"在数学上是用概率来表示。概率大则可能性大，那么不确定性则小。信息论中熵的概念与物理学中的热力学熵有着紧密的联系，香农（1948）给出了信息熵的定义，信息量的度量就等于不确定性的多少，不确定性越大，熵值就越大。香农用 "比特"（bit）来度量信息量，一个比特是一位二进制数，计算机中的一个字节为八个比特。下为随机变量 X 的信息熵（H）的公式：

$$H(X) = -\sum_{x=1}^{n} P(x)log2^{[P(x)]} \tag{3.2}$$

经典的案例有"猜测冠军团队"。如果把参赛的 32 支球队编上号，从 1 到 32，可以将其分成 2^1 个集合即 1 到 16 和 17 到 32。冠军的球队必然在 2 个集合之一（2^2），如果在 1 到 16，则可以继续划分为 2 个集合即 1 到 8 和 9 到 16。如果在 1 到 8 中（2^3），则继续划分为 2 个集合即 1 到 4 和 5 到 8。如果在 1 到 4 中（2^4），则继续划分为 2 个集合即 1 到 2 和 3 到 4。如果在 1 到 2 中，就可以猜中了（2^5）。具体公式验算如下：

$$H(X) = -\sum_{x=1}^{32} P(32)log2^{32} = -5$$

以上这个案例的信息熵为 5。即表明当 32 个球队夺冠概率相同时，相对应的信息熵为 5 比特。因为信息熵为不确定性，转化为确定性需要是反方向，故在此数值前加了负号。进一步分析，随机变量的取值是不确定的，在做随机试验之前，人们仅了解各取值的概率分布，而在做完随机试验后，就可以确切地知道了取值，这样不确定性完全消失。也就是说，人们通过随机试验获得了信息，而该信息的数量恰好等于随机变量的熵。不确定性越多，熵值就越大，需要更多的信息方能达到了解确定性的目的。

如 3.1.2 所述，熵这个概念首先诞生于热力学，不是香农率先表达。但是，香农把熵概念引入了信息论中。如果把系统分子的相空间视为系统宏观状态的状态空间，那么按分子在相空间中的分布而求得的香农熵 H 与其热熵 S 有这样的关系，即 $S=kH$，k 为系数。所以，从某种意义上分析，热熵或是香农熵的一个特例，热熵测度的仅仅是分子在相空间中所处位置的不确定性的量度。同时，需要说明的是，热熵是有量纲的，而香农熵是无量纲的，这是两者的差别，也是两者转化时需要添加系数的原因。

以上分析的是狭义信息论。广义信息论，又称信息科学，是指研究包括所有与信息有关的领域。广义信息论从人们对信息特征的理解出发，从客观和主观两个方面全面地研究信息的度量、获取、传输、存储、加工处理、利用以及功用等，理论上讲是最全面的信息理论，但由于主观因素过于复杂，很多问题本身及其解释尚无定论，或者受到人类知识水平和认知能力的限制，目前还得不到合理的解释，因此广义信息论还处于不断发展的阶段。

3.3.3 信息论在复杂的经济社会领域的广泛应用

信息论造福人类。现代社会，信息已经成为与物质、能量并列的三个宇宙基本要素。世间万物的发展变化可以理解为物质、能量、信息的相互转化与交互过程。在科技高速发展的今天，信息已经不再是计算机领域的专用名词。信息论被广泛应用在经济社会领域，渗透在人们点点滴滴的生活中。信息产业是当今社会中发展快、潜力大、效率高、影响广泛的重要支柱产业之一。没有信息论的指导，就不会出现无线电技术与电视接收系统，不会有网络通信、远距离控制、蓝牙技术，不会有移动通信和卫星导航，不会有互联网和无线通信网络。目前人们离开了信息，或将一事无成。手机、电脑、网络、移动互联等给当代人的生产生活带来了太多的信息帮助与支持，每个人都有切身感受。

信息论未来将在经济社会领域越发得到广泛应用。中国华为技术公司《全球产业展望报告 2019》预测，到 2025 年，全球年存储数据量将高达180ZB，智能世界将出现十大趋势。姑且不去评论华为技术公司的预测是否准确，但作为全球领先的信息与通信技术（ICT）解决方案供应商，它的预测有一定的说服力。趋势之一：是机器，更是家人。随着材料科学、感知人工智能以及 5G、云等网络技术的不断进步，将出现护理机器人、仿生机器人、社交机器人、管家机器人等形态丰富的机器人，涌现在家政、教育、健康服务业，带给人类新的生活方式。趋势之二：超级视野。以5G、AR/VR、机器学习等新技术赋能的超级视野，将帮助人们突破空间、表象、时间的局限，见所未见，赋予人类新的能力。趋势之三：零搜索。受益于人工智能及物联网技术，智能世界将简化搜索行为和搜索按钮，带给人类更为便捷的生活体验：从过去的你找信息，到信息主动找到你；未来，不需要通过点击按钮来表达你的需求，桌椅、家电、汽车将与你对话。趋势之四：懂"我"道路。智能交通系统将把行人、驾驶员、车辆和道路连接到统一的动态网络中，并能更有效地规划道路资源，缩短应急响应时间，让零拥堵的交通、虚拟应急车道的规划成为可能。趋势之五：机器从事"三高"。自动化和机器人，特别是人工智能机器人正在改变生产生活方式，他们可从事处理高危险、高重复性和高精度的工作，无须休息，不会犯错，将极大提高生产力和安全性。如今，智能自动化在建筑业、制造业等领域中广泛应用。趋势之六：人机协创。以人工智能、云计算等技术的融合应用，将大幅促进未来创新型社会的发展。试错型创新的成本得以降低；原创、求真的职业精神得到保障；人类的作品也因机器辅助变得更为丰富。趋势之七：顺畅沟通。随着人工智能、大数据分析的应用与发展，企业与客户的沟通、跨语种的沟通都将可能变得更便捷，信息传播更有效，人与人之间更容易相互理解和信任。趋势之八：共生经济。无论身在何处、语言是否相通、文化是否相似，数字技术与智能能力逐渐以平台模式被世界各行各业广泛应用。各国企业都有机会在开放合作中，共享全球生态资源，共创高价值的智能商业模式。趋势之九：5G加速。大带宽、低时延、广连接的需求正在驱动5G的加速商用，将渗透到各行各业，并比人们想象中更快地到来。趋势之十：数字治理。触及智能世界，遇到了新的阻力和挑战。华为技术公司呼吁全球应该加快建立统一的数据标准、数据使用原则；鼓励推动建设第三方数据监管机构，让隐私、安全与道德的遵从，有法可依。

关键词

开普勒三定律　形而上学　机体论　贝塔朗菲　一般系统论　科学学
还原论　整体论　开放系统　封闭系统　克劳修斯　热力学第一定律
热力学第二定律　熵　熵增加原理　可逆过程　不可逆过程
准静态过程　系统哲学　系统工程　"2A2C"原则　控制论
诺伯特·维纳　最大值原理　动态规划　最优滤波器
库恩—图克定理　伺服系统　凯恩斯乘数　信息论　信息　信息熵
信源　信道　信宿　香农熵　热熵　广义信息论　ZB　5G　AR/VR
机器学习　共生经济　数字治理

第 4 章

『新三论』与复杂经济学

系统科学中所提及的"新三论"，一般指耗散结构论、协同论、突变论。本章基本遵循上一章的体例，从"新三论"形成背景与历史演变出发，探究其重点内容，通过学理分析与解剖案例，通俗易懂地诠释"新三论"与复杂经济学的相关性，以及这类复杂性科学在经济系统中的具体应用。

4.1 耗散结构论与复杂经济学

4.1.1 耗散结构论形成背景与历史演变

耗散结构理论的创始人及主要贡献者。比利时的伊利亚·普里戈金（Ilya Prigogine）教授，由于其对非平衡热力学尤其是建立耗散结构理论方面的贡献，荣获了 1977 年诺贝尔化学奖。普里戈金的早期工作在化学热力学领域，1945 年得出了最小熵产生原理，即处在非平衡状态下的系统，且当离平衡态不太远时，其内部存在的各种流与力之间仍能用线性关系表示时，也就是说系统处在非平衡线性区时，或称之为"动态平衡的稳定态"，系统将向着熵增加速度不断减小的方向演化，直至最终达到一个熵增加最小的状态。此原理和昂萨格（Onsager）的倒易关系[1]一起为近平衡态线性区热力学奠定了理论基础，成为非平衡线性区统计物理的两大基石。普里戈金以多年的努力，试图把最小熵产生原理延拓到远离平衡的非线性区去，但以失败告终。他在研究了诸多远离平衡现象后，认识到系统在远离平衡态时，其热力学性质可能与平衡态、近平衡态有重大原则差别。以普里戈金为首的布鲁塞尔学派经过多年的努力，终于建立起一种新的关于非平衡系统自组织的理论——耗散结构理论。这一理论于 1969 年由普里戈金在一次"理论物理学和生物学"的国际会议上正式提出。

---

[1] 昂萨格指出，不可逆过程之间的一般性倒易关系式建立在微观可逆性假定基础上推导得到。即不可逆过程 i 对不可逆过程 j 的影响应该和不可逆过程 j 对不可逆过程 i 的影响（系数或绝对值）相等。

普里戈金的耗散结构观。普里戈金将宏观系统分为三种,即孤立系统、封闭系统和开放系统。何为孤立系统?指与外界环境既没有能量交换也没有物质交换的系统。孤立系统是理想化的数理模型,在现实中这样的系统很少存在或不可能存在,依据熵增原理,在热力学中,孤立系统的熵不会减少,总是增大或者不变。何为封闭系统?与外界环境间只有能量交换而无物质交换的系统,被称作封闭系统。比如,热水在密封的杯子里,水不会漏出,但热量会向外散出,所以保温杯并不永远保温;冷水在密封的杯子里,置于阳光下,也会不知不觉中吸收能量,提升温度。何为开放系统?与外界环境既有能量交换又有物质交换的系统,有时随着系统的变化而扩展至系统与外界环境有信息交换。如第 1 章和第 2 章相关基础内容所述,复杂性科学与物理学相伴而生,从热力学视角看,开放系统有三种存在状态,即热力学平衡态、近平衡态和远离平衡态。而一个远离平衡态的开放系统,通过与环境不断的交换物质和能量,在一定条件下产生自组织现象,即会出现由无序到有序,由低级有序到高级有序的状态。这种自发形成的有序结构称为耗散结构。

4.1.2 耗散结构论主要内容

耗散结构理论(Dissipative Structure)是指用热力学和统计物理学的方法,研究耗散结构形成的条件、机理和规律的理论。耗散结构理论可概括为:一个远离平衡态的非线性的开放系统,不管该系统是物理的、化学的、生物的乃至社会的、经济的系统,通过不断地与外界交换物质和能量,在系统内部某个参量的变化达到一定的阈值时,通过涨落,系统可能发生突变即非平衡相变,由原来的混沌无序状态转变为一种在时间上、空间上或功能上的有序状态,这一变化过程实现了所谓的"熵减"。这种在远离平衡态的非线性区形成的新的稳定的宏观有序结构,由于需要不断与外界交换物质或能量才能维持,因此称之为"耗散结构"。这里的耗散(dissipative)指的是系统维持这种新型结构需要从外界输入("消耗")能量或物质。

要理解耗散结构理论,关键是弄清楚几个概念:平衡态、远离平衡态、近平衡态、非线性、开放系统、涨落、突变。而耗散结构理论,如上所言,主要使用热力学和统计物理学的研究方法,重点关注的是远离平衡态的情形。在厘清相关概念之前,需要明白耗散结构理论遵循的三大定律。

（1）三大定律

——热力学第一定律。对于状态的微小变化：$dE=dQ-dV$ 或 $dQ=dE+dV$，即系统内能的增量（dE）等于系统所吸收的热量（dQ）减去系统对外所做的功（dV），反映了不同形式的能量在传递与转换过程中守恒。所以，根据这个原理，不需要外界提供任何能量却能不断对外做功的第一类永动机是永远不能制成的。

——热力学第二定律。又称"熵增定律"，其公式为：$dS/dt\geq0$，又称克劳修斯不等式，克劳修斯（1822—1888）是德国物理学家和数学家、热力学主要奠基人之一。这里的不等号对应于不可逆过程，等号对应于可逆过程，即系统的自发运动总是向着熵增加的方向。热量不能自发地从低温物体转移到高温物体，属于前者（不等号）的不可逆过程，但自发过程也是耗散能量的过程；要使热传递方向可逆过来，属于后者（等号）的可逆过程，只有靠消耗功来实现，如微波炉解冻食品必然需要消耗功，且系统发生可逆变化时熵（S）也在增加，只不过被功消耗了。熵增是永恒的，这就解释了人为什么不能永生，也就是随着时间的推移，人体内的熵也会不可避免的增加，会以疾病的方式体现在生命体的身上，最终死亡。这同样解释了为什么第二类永动机永远无法实现的现实，因为从单一热源吸热并使之完全变为有用功而不产生其它任何影响的事实是不存在的。

——波尔兹曼有序性原理。该原理是对热力学第二定律——熵增原理的统计解释。它很好地解释了平衡相变的种种现象，是一种确定平衡态结构的物理学原则。玻尔兹曼（1844—1906），奥地利籍的热力学和统计力学的奠基人之一，通过引入概率学和统计学，进一步解释了熵增定律，即熵的增加表示系统从比较有序的状态向更加无序的状态演变。玻尔兹曼给出了著名的玻尔兹曼公式 $S=KlnW$，将热力学熵（S）与热力学概率（W）联系起来，k 为系数，即玻耳兹曼常数。这个公式表明，宏观参量熵（S）是对系统微观组分混乱程度熵（S）的度量，熵（S）随热力学概率（W）增大而增大。热力学概率指某一宏观状态所对应的微观状态数目，在平衡态时达到最大，如墨汁滴进水里后，整杯水逐渐变黑，经历了最无序阶段，后为新的有序的平衡态。平衡态是有序的，熵值最小，是微观状态数目（W）从最多到最小的宏观状态，也是最均匀、信息量最小甚至零熵的状态。比如，一个班有30个同学，教学日里都坐在教室上课，非常有序，几乎无干扰信息，如果需要找某个同学，只需要到教室瞅一眼便知，这是因为教室里的"噪声"信息少，很容易满足找人的需求；相反，到了星期天，30 位同学各有其事，有在教室自习的，有打球的，有逛街的，有在图书馆看书的……非常无序，各种干扰的信息量大，这时候，要到教室找某个同学，可能就很不容易实现。系统就是这样，由平衡走向不平衡再到平衡，从有序到混沌再到有序，它们之间是在相互转化着，相变的同时维系着系统平衡。正如普里高津（1917—2003，比利时物理化学家）所云，有组织的湍流运动在宏观上看貌似无规则的或者是混沌的，但在微观上看是高度有组织的，从分子运动到片流到湍流的过渡是自组织行为，片流中属于分子热运动的那部分系统能量逐渐被传递给宏观有组织的湍流运动。

（2）平衡态

平衡态是指系统各处可测的宏观物理性质均匀的状态，这是一种处于完全均匀的理想状态。平衡态是所考察的系统状态变量保持不变的一种状态，意味着系统与外界没有相互作用，既无物质交换，又无能量传递，是孤立的系统。孤立系统是不会产生耗散结构的，现实中可能不存在绝对的孤立系统。

（3）远离平衡态

远离平衡态是相对于平衡态和近乎平衡态而言的。远离平衡态是指系统内可测的物理性质极不均匀的状态，这时其热力学行为与用最小熵产生原理所预言的行为相比，可能颇为不同，甚至完全相反，正如耗散结构理论所指出的，系统走向一个高熵产生的、宏观上有序的状态。

（4）近平衡态

近平衡态是指系统处于离平衡态不远的线性区。它遵守昂萨格倒易关系和最小熵产生原理。最小熵产生原理意味着，当给定的边界条件阻止系统达到热力学平衡态即零熵产生时，系统就落入最小耗散即最小熵产生的态。

（5）非线性

系统消耗能量、产生耗散结构的内部动力学机制，即由于子系统间的非线性相互作用。在非线性的临界点处，非线性机制放大微涨落为巨涨落，使系统失稳。在控制参数越过临界点时，非线性机制对涨落产生抑制作用，使系统稳定到新的耗散结构分支上。

（6）开放系统

开放系统是指与外界环境存在物质、能量、信息交换的系统。根据热力学第二定律，孤立系统不会出现耗散结构。生命属于开放系统，生命系统产生的熵，总为正值，人总会衰老直至死亡，但与外界交换产生的熵流，可正可负，正确的方法可以使人延缓衰老与死亡，不正确的方法可以加速人的衰老与死亡。

耗散结构理论中的"开放"是所有系统向有序发展的必要条件。在开放的条件下，系统的熵增量 dS 是由系统与外界的熵交换的 $d(eS)$ 和系统内的熵产生 $d(iS)$ 两部分组成的，即 $dS=d(eS)+d(iS)$。根据热力学第二定律，系统内的熵产生非负，即 $d(iS)>=0$，然而外界给系统注入的熵 $d(eS)$ 可为正、零或负。在 $d(eS)<0$ 的情况下，从理论上看，只要这个负熵流足够强，它就除了抵消系统内部熵产生 $d(iS)$ 外，还能使系统的总熵增量 dS 为负，总熵 S 减小，从而使系统进入相对有序的状态。总之，对于开放系统来说，系统可以通过自发的和人为的控制管理，从无序进入有序的耗散结构状态。

（7）涨落

一般的涨落是偶然的、杂乱无章的、随机的，但偏离均值不远。一个由大量子系统组成的系统，其可测的宏观量是众多子系统的统计平均效应的反映。系统在每一时刻的实际测度并不都精确地处于这些平均值上，而是或多或少有些偏差，这些偏差称为涨落。一般的涨落偏离均值不远，但大多是偶然的、杂乱无章的、随机的。

在正常情况下，由于热力学系统相对于其子系统来说较大，这时子系统涨落相对于平均值是较小的，即使偶尔有大的涨落也会立即耗散掉，系统总要回到平均值附近，子系统涨落不会对宏观的实际测量产生太大影响。然而在临界点即所谓阈值附近，情况就大不相同了，这时涨落可能剧烈，可能被不稳定的系统放大，最后促使系统达到新的宏观态。

（8）突变

阈值即临界值，对系统性质的变化有着根本的意义。当控制参数越过临界值时，原来的热力学分支失去了稳定性，同时产生新的稳定的耗散结构分支，在这一过程中系统从热力学混沌状态转变为有序的耗散结构状态，其间可能是微小的涨落起到了关键的作用。这种在临界点附近控制参数的微小改变导致系统状态明显的大幅度变化的现象，叫作突变。具体到生命科学中，如同民间谚语所说的"小病不治，大病难医"就是这个道理。新的耗散结构的出现大多是以这种临界点附近的突变方式实现的。

4.1.3 耗散结构论在复杂的生态系统建设中应用

生态系统是具耗散结构的系统。从耗散结构理论的视角看，人类经济发展不能一味地追求增长的速度和数量，需要兼顾保护生存环境和改善民生。人类经济增长需要重视生态系统建设。

生态系统是开放系统。生物包括植物、动物和微生物。植物、动物、微生物和人类不断地与周围环境进行着能量交换。生态系统处于远离平衡的非线性区，任何物质系统都有自己的结构和功能，各生物面对非平衡系统中的时、空有序态，自行协调、自我组织，按非线性规律生长，形成具自我调节功能的系统。生态系统中的生命系统部分依靠从周围环境中不断地进行能量和物质交换获得自由能即负熵来降低系统内部的熵值，并以此来维持系统的稳定和有序。生态系统中生命成分和环境压力之间具有正负反馈的机制，当超过了系统反馈机制的阈值时，整个耗散结构就会破坏，进而产生生态危机。

生态系统中生物、人类与社会都是远离平衡态并且与周围环境存在物质能量交换。生物、人类与抽象的社会都是生态系统的组分。这些组分都是"不安分"的，都是远离平衡态的。人类文化的不适应性，即对地球环境的破坏和污染，增加了环境中的熵值，进而造成地球生态环境的混乱。人类需要调整自己的文化，以保证地球环境中正熵值的减少和负熵值的增加。

人类所处的自然环境是相对的封闭系统。受人类认识自然的能力和知识的限制，在地球这个相对封闭系统中，资源无疑是有限的。人们在发展经济的过程中常将自然规律与经济规律截然分开，甚至把经济规律超脱于自然规律之上。这是违反耗散结构原理的，当这种状态超出生态系统的承受力，生态规律将开始惩罚人类，最终制约经济的发展。因此，经济规律必须服从自然规律，这是形成负熵流最基本的原则。技术进步是一种直接的负熵流，技术进步本质上是人类在认识世界掌握自然规律的基础上，有计划有目的地改造客观世界的行为。

人类经济与自然发展需要和谐的生态环境。人类要生产，社会经济要发展，以热的形式释放到环境中的熵的增加是不可避免的。根据熵增原理，在非平衡状态下系统与环境之间进行的物质和能量的交换后，相对于系统产生的有序，环境会产生更大的无序。环境的无序与退化，正熵值的增加，则反过来对生物、人类和社会的开放系统带来更大的负反馈。所以，构建有序、和谐的生态系统，才是人间正道，人类经济发展的前途才是光明的。

4.2 协同论与复杂经济学

4.2.1 协同论形成背景与历史演变

协同思想源远流长。中国传统文化的"协和""协作""同步""合作"思想，为协同论提供了丰富的智慧。以美国著名管理学家、被誉为"科学管理之父"泰勒（1856—1915）为代表的科学管理、组织管理等理论为协同论（Synergetics）提供了扎实的理论基础。

协同论是赫尔曼·哈肯（Harmann·Haken）在 20 世纪 70 年代提出的。之后演变为自组织理论中一个重要的分支学科，已被物理学、生物学、化学、社会学、经济学广泛应用。该理论重在对系统中各子系统如何合作进行研究，以形成宏观的空间结构、功能结构、时间结构，并提出子系统间的相互协同能够产生比单个子系统运动之和更优的整体宏观运动形式，即能够起到"1+1>2"的协同效应。

4.2.2 协同论主要内容

4.2.2.1 差异与同一

协同论要求，辩证理解差异与同一。在哲学上，承认同一性寓于差异性，差异性包含同一性。哈肯认为，类比是创立以及发展协同论的重要方法之一。而类比这一方法的哲学根据，就是差异性与同一性是关于特殊与一般的辩证关系，以及由特殊转到一般再到特殊的认识路线。

4.2.2.2 部分与整体

协同论要求，科学理解部分与整体。哈肯明确表示，"协同学阐明的是部分与整体的关系"。系统的微观部分具有他们各自的特点，但是宏观整体却有着所有个体没有的系统量，在描述系统整体行为时候，需要用到与微观量全然不同的新概念——序参量。序参量是全部微观量贡献的产物，但它又不能简单地归结为微观量。序参量是由各个部分的相互协同而创建的，反过来又支配着各部分的协同。正如中国的俞梦孙院士所言，人体由万亿个细胞构成，变量数是巨大的，但在结构出现的临界点附近，起关键作用的只有少数几个变量即序参量。序参量是系统相变前后所发生质的飞跃最突出的标志，他认为，主宰人体健康的序参量就是"信息"和"血液循环"，信息包含遗传基因传递的固化信息，经络传递和激素等化学物质所传播的可流动信息，还有每个细胞产生的电磁信息场。

4.2.2.3 合作与竞争

协同论要求，辩证理解合作与竞争。整体结构从无序转到有序状态，反应在结构的微观层面上，就是各个部分之间从没有任何的协同转变为高度的协同。协同论是"关于系统的各部分之间协同工作的学问"。协同就是协作、合作、同步。广义来讲，协同还包括竞争。哈肯还提出"集体行为的竞争原则"，也就是各部分通过竞争，在竞争中得到加强，把更多的微观组分吸收于自己的影响之下。协同论认为，不同规律的集体运动模式之间、不同性质的微观部分之间、多个序参量之间、不同环境层次之间的合作与竞争，是推动整个系统演化的根本动因。

4.2.2.4 支配与服从

协同论要求，辩证理解支配与服从。协同论引入"支配"这一概念，运用序参量支配诸子系统和各个诸子系统服从序参量的原理，进一步阐明并深化整体结构演化的规律，创立了在支配与服从相互作用下而产生的有序与无序这对范畴。通过各个部分之间的协同作用产生出序参量这一支配因素，创建序参量支配子系统、子系统服从序参量这一格局，也就是建立起支配与服从的有序关系。

4.2.2.5 偶然与必然

协同论要求，科学理解偶然与必然。一切系统自组织的形成都充满着偶然性。哈肯对自组织过程中"偶然性与必然性之间出现明显的相互作用"有深刻的理解，既坚信存在支配一切自组织过程的普遍规律，又重视"解决偶然性课题"，从而成功地创立了协同学理论框架。"在相变过程中何时何地出现慢变量带有一定的偶然因素，但它一经出现就会得到邻近子系统的响应，并扩大影响，从局部涨落逐渐放大到整个系统。"慢变量是相对于快变量而言的，是不为人容易察觉却起着决定性作用。系统演化是由快变量和慢变量确定性因素和随机性因素共同决定的。

4.2.2.6 内因与外因

协同论要求，科学理解内因与外因。自组织是通过系统内在动力而形成的结构。形成自组织的其中两个条件是，系统必须是开放的，且能始终保持与外界的物质、能量、信息的交换。系统的外部作用通过其内部机制而产生效用。由此可见，自组织的形成就是内因与外因相互结合的产物。系统自我构建的过程是主体与客体环境相互作用的过程，但最根本的还在于主体。

4.2.3 协同论在复杂的水资源配置中应用

在水资源禀赋条件及问题诊断分析的基础上，并简化水资源配置系统的复杂性，更多从线性思维的角度，构建基于协同论的水资源配置模型。模型重在体现协同论的相关思想。模型主要包括数据前处理模块、水资源供需分析模块、水资源协同配置模块与协调度分析模块。

前处理模块主要包括水库节点参数设定、渠道河段参数设定以及配置网络的调度运行规则等。水资源供需分析模块主要包括水资源需求分析和供水方案分析两部分，水资源需求分析包括社会经济需水、生态环境需水以及需水预测结果与社会经济发展的匹配度分析，供水方案分析包括地表水可供水量、地下水可供水量、外调水可供水量及再生水可供水量分析。水资源协同配置模块是主体部分，主要包括目标函数构建、平衡方程及其他约束条件等。协调度分析模块主要对生成的配置方案进行协调度计算分析，主要包括序参量阈值的确定、子系统有序度计算和配置方案的协调度计算。通过四大模块的协同、综合运行，全面、系统、科学地为水资源配置推选出协同性最高的水资源配置方案。

重点解剖水资源协调配置模块。遵循效益层级服从原理，构建水资源配置的综合效益目标函数，建立平衡方程和约束条件，生成水资源协同配置方案。

一是社会效益目标。社会效益主要体现在对供水区域社会人口、经济发展需求的满足程度和供水安全保障程度，对于不同配置单元，根据水源条件、产业结构，采用多水源分行业协同供水，根据水源条件和不同产业对水源的要求，赋予合理的供水权重系数，使供水安全保障程度达到最优。权重系数 β 大小，体现了差异与同一的协同性。以 F1 作为供水总量目标函数，F_C、F_I、F_A、F_E、F_R 分别作为城镇生活、工业、农业、生态和农村生活供水量目标函数。

$$F1=Max(\beta_1 f_c+\beta_2 f_I+\beta_3 f_A+\beta_4 f_E+\beta_5 f_R) \tag{4.1}$$

二是经济效益目标。经济效益可采用缺水量指标来体现。对于不同行业来说，其供水缺口越小，说明越能满足供水的需求，进而供水的经济效益越好。根据不同配置单元的产业结构及行业用水需求，对不同行业缺水量赋予相应的权重系数，使区域缺水量达到最小，经济效益达到最优，实现整个区域经济的协同发展。权重系数 α 大小，体现了合作与竞争的协同性。4.2 节为缺水总量目标函数。

$$F2=Min(\alpha_1 F_C+\alpha_2 F_I+\alpha_3 F_A+\alpha_4 F_E+\alpha_5 F_R) \tag{4.2}$$

三是生态环境效益目标。生态环境效益主要从河道外生态环境和河道内生态环境供需水量两个方面来考虑。从供水量最大化和缺水量最小化综合考虑，使河道外生态环境效益达到最大；以时段内河道供水量和河道需水量的比值最大为目标，使河道内生态环境效益达到最大。f_{out}、f_{in} 分别作为河道外生态效益和河道内生态效益目标函数。权重系数 δ 大小，体现了支配与服从的协同性。4.3 节为生态环境效益的总目标函数。

$$F3=Max(\delta_1 f_{out}+\delta_2 f_{in}) \tag{4.3}$$

四是总体效益目标。根据供水效益层级服从原理，对于不同配置单元，全面考虑其水资源及生态环境承载能力，对不同子系统的供水效益目标赋予合理的权重系数，使其水资源配置的综合效益目标达到最优。权重系数 μ 大小，体现了部分与整体的协同性。4.4 节为总体效益的总目标函数。

$$F=\mu_1 F1+\mu_2 F2+\mu_3 F3 \tag{4.4}$$

4.3 突变论与复杂经济学

4.3.1 突变论形成背景与历史演变

突变论的起源。突变论由荷兰植物学家、遗传学家德弗里斯（1848—1935）首先提出。他根据多年对月见草^①（又名：山芝麻、夜来香）实验的结果，于1901年提出生物进化起因于骤变的"突变论"。德弗里斯的这一发现，历史上曾发生重大影响，使许多人对达尔文的渐变进化论产生了怀疑。但后来研究证实，月见草的骤变是罕见的染色体畸变所致，并非生物进化的普遍规律。

突变论的真正形成。"突变"（Catastrophe），法文原意是"灾变"，强调变化过程的间断或突然转换。20世纪60年代末法国数学家R.托姆，为了解释胚胎学中的成胚过程再提突变论。1967年托姆发表《形态发生动力学》，阐述突变论的基本思想；1969年发表《生物学中的拓扑模型》，为突变论奠定了基础；1972年出版专著《结构稳定与形态发生》，系统地阐述了突变论，标志着突变论的真正形成。20世纪70年代以来，英国数学家E.C.塞曼等人进一步发展了突变论，并把它应用到物理学、生物学、生态学、医学、经济学和社会学等各个方面。

4.3.2 突变论的主要内容

自然界和人类社会活动中的突变现象。自然界和人类社会活动中，除了渐变变化现象外，还存在着突然变化和跃迁现象，如地震、海啸、房屋的倒塌、桥梁的崩塌、细胞的分裂、生物的变异、动物的休眠、人的休克、朋友反目成仇、人的"顿悟"、战争、企业倒闭、金融危机、经济危机等。托姆将系统内部状态的整体性"突跃"称为突变。

德弗里斯给出了生物突变的主要特性。一是突变的突发性，突变体的产生有时无法预见，新突变体一旦出现，就"具有新型式的所有性状"，如，有的癌症患者被发现之前没有任何症状，说有就有了。二是突变的多向性，新的基本种突变是在所有的方向上发生的，几乎在所有可能的方向上都会

---

① "月见草"原产北美，尤指加拿大与美国东部，早期引入欧洲，后迅速传播世界温带与亚热带地区，中国大部分地区有栽培，是21世纪发现的重要的营养药物。

发生变化。三是突变的新稳定性和不可逆性，从新的基本种产生的时刻起，通常是完全稳定的，且不具有"逐渐返回其起源形式的倾向"。四是突变的周期性，突变出现的概率有的是有规律可循，如感冒痊愈的周期通常为一周左右。五是突变的随机性，突变可发生在生物体的任一部位，新的性状同个体的变异性之间，没有什么特殊的联系。

突变理论是从一种稳定组态跃迁到另一种稳定组态的现象和规律。自然界、人类社会中任何一种运动状态，都有稳定态和非稳定态之分。在微小的偶然扰动因素作用下，仍然能够保持原来状态的是稳定态；而一旦受到微扰就迅速离开原来状态的是非稳定态，稳定态与非稳定态相互交错。非线性系统从一个稳定态（平衡态）到另一个稳定态的转化，往往是以突变形式发生的。

突变理论是研究系统演化的有力数学工具。突变理论是用形象的数学模型来描述连续性行动突然中断导致质变的过程。根据状态变量和控制变量的不同，突变类型的势函数（功效函数）在数学、生物学和物理学中通常可分为七种类型，包括突变的折迭型、尖点型、燕尾型、蝴蝶型、双曲型、椭圆型、抛物型等。突变理论与耗散结构论相关，如 4.1.2 小节内容所示，与混沌理论（Chaos Theory）更相关，尽管它们是两个完全独立的理论，但现在突变理论被普遍视为混沌理论的一部分。突变理论能较好地解说和预测自然界和社会上的突然现象，在生物学、物理学、化学、社会科学等方面有广阔的应用前景。

突变论是对哲学上量变和质变规律的深化。关于质变是通过飞跃还是通过渐变，在哲学上曾引起争论。量变质变规律是辩证唯物法基本规律之一。突变论认为，在严格控制条件的情况下，如果质变中经历的中间过渡态是稳定的，那么它就是一个渐变过程。质态的转化，既可通过飞跃来实现，也可通过渐变来实现，关键在于控制条件。突变理论因此和拓扑学联系密切，拓扑学是研究几何图形或空间在连续改变形状后还能保持一些性质不变的学科，重要的拓扑性质包括连通性与紧致性。

4.3.3 突变论在复杂的经济危机模型和经济决策领域应用

应用突变论设计经济危机模型。经济危机模型，表现为经济危机爆发时是一种突变。有学者研究认为，此类模型具有折叠型突变的特征，是一种最简单的初等突变，折叠突变的势函数为 $V(x, c)=x^3+cx$，其中状态空间为 x 轴，控制空间为 c 轴。经济危机后的经济复苏是缓慢的，经济行为沿着"折叠曲面"实现缓慢滑升的渐变。

应用突变论在经济决策时有时主张追求"满意解"而非"最优解"。突变论认为，高度优化的设计（即最优解）在结构上、性能上追求最优，常常鲁棒性较差，稳定性不高，对方案中可能的缺陷具有高度敏感性。所谓鲁棒性，指遭遇异常时系统的稳定性能，表现在异常和危险情况下系统生存的能力。由于系统存在鲁棒性，系统一旦有问题，有时会出现突然的全面的"灾变"，以至于让系统彻底瘫痪。所以，决策者在做决策时，有时不必追求绝对最优的决策，可追求简洁高效的满意解甚至非劣解即可。

关键词

非平衡热力学 普里戈金 昂萨格 倒易关系 最小熵产生原理
非平衡线性区 耗散结构 耗散结构理论 平衡态 玻尔兹曼公式
湍流 远离平衡态 近平衡态 非线性 开放系统 涨落 突变 渐变
飞跃 孤立系统 封闭系统 协同论 序参量 德弗里斯 稳定态
非稳定态 势函数 功效函数 突变理论 混沌理论 拓扑学 鲁棒性
最优解 满意解 非劣解 快变量 慢变量

第 5 章

『又新两论』与复杂经济学

　　"又新两论"是作者自创的新名称，取自儒家经典《礼记·大学》中的"苟日新，日日新，又日新"。有牵强之处，但也有合理之处，旨在区别于"老三论"和"新三论"，并强调这两个理论分别伴随着"老三论""新三论"的发展而发展，有集其所成和进一步衍生、创新、提升之寓意。本文的"又新两论"特指运筹学和混沌学，这两个学科的发展分别成熟于现、近代。前者又称 O.R.（Operations Research），以"二战"期间成功地帮助英美解决了许多重要作战问题为骄傲，常用于解决各类复杂问题，改善和优化包括经济系统在内的系统效率，是与复杂经济学密切相关的重要的基础理论。后者混沌学（Chaos），以"洛伦兹发现"（1963）为开端的话，距今逾 60 年，是个更年轻、时髦、高深且又实用的理论，十分契合复杂性科学，它在复杂经济系统中得到广泛应用，是个颇受欢迎和前途无限的新学科。

5.1 运筹学与复杂经济学

5.1.1 运筹学形成背景与历史演变

　　运用运筹学的思维解决实际问题可以追溯到很久以前。在古代，中国使用运筹学思维解决问题的故事屡见不鲜，如著名的田忌赛马、丁渭皇宫修复。田忌赛马的故事告诉人们，要有全局观念，要取得整体胜利，就要舍得牺牲局部利益，正所谓"有舍才有得"。北宋真宗年间，丁谓负责建宫，挖沟以获得土源烧制砖瓦、引水以运输材料、填建筑垃圾以修复大街，这种"一举三得"的思维就是典型的运筹学思维。另外，三国时期的军事家诸葛亮更是以运筹学的思想取得了很多军事上的胜利。从国外看，公元前 200 多年的古希腊哲学家、数学家、力学家阿基米德因其筹谋得当，尤其在抵御罗马帝国入侵的战斗中做出了杰出的贡献，被很多人认为是运筹学的代表人物之一。人们熟知阿基米德，还应该包括其提出的著名的阿基米德定律，即浸入静止流体中的物体受到的浮力（F），其大小等于该物体所排开的流体重量（G），浮力方向竖直向上并通过所排开流体的形心。

运筹学的早期探索者以数理科学家和自然科学家为主。描述事物的客观规律，需要具备较好的数学理论基础和思维，这样才能容易发现事中所蕴含的道理。早期的运筹学可以追溯到 1914 年，当时的英国汽车工程师兰彻斯特提出用于军事战斗方面的运筹学方程，战斗力 = 参战单位总数 × 单位战斗效率，其在简化假设的前提下，建立了相应的微分方程组，

$$\begin{cases} \frac{dx}{dt} = -ay \\ \frac{dy}{dt} = -bx \\ x(0) = x_0, y(0) = y_0 \end{cases}$$ ，其中 x，y 代表作战兵力，a 和 b 分别代表各

自的平均单位战斗力。

1917 年，排队论的先驱者丹麦工程师埃尔朗在哥本哈根电话公司研究电话通信系统时，提出了著名的埃尔朗申话损失率公式，即假设占用概率服从埃尔朗分布（类似于指数分布）情况下，按时间计算的呼损率为：$B=(A/n!)/(\sum A/i!)$，其中 A 和 n 分别为流入话务量和公用信道数。存储论的经济最优订货批量（EOQ）公式为 $Q^* = \sqrt{\frac{2KD}{H}}$ ，最早由哈里斯（F. W. Harris）于 1915 年提出，该模型基于一些假设前提，其中 K、D、H 分别代表产品年需求量、每单位进货成本、每单位每年的储存成本。

运筹学的研究领域从军用扩展到民用。运筹学是 20 世纪 30 年代初发展起来的一门新兴学科。运筹学在形成初期主要是以军事问题为主，多以战时数据为基础，运用运筹学理论，指导作战实践，并取得了不菲的实战效果。随着第二次世界大战接近尾声和运筹学理论日趋成熟，运筹学的研究领域也逐渐从军用扩展到民用。运筹学早期的三大支柱分别是，研究优化模型的规划论，研究排队（或服务）模型的排队论，研究对策模型的对策论（或博弈论）。

5.1.2 运筹学主要内容

运筹学是一门应用各种数学方法来研究各种系统最优化问题的学科。关于运筹学的定义，不同的学者有不同的认识。莫尔斯（Morse）与金博尔（Kimball）在他们的奠基作《运筹学方法》（1951）中给运筹学下的定义是："运筹学是在实行管理的领域，运用数学方法，对需要进行管理的

问题统筹规划，作出决策的一门应用科学。"普遍认为，运筹学是近代应用数学的一个分支，主要是将生产、管理等事件中出现的一些带有普遍性的运筹问题加以提炼，然后利用数学方法进行解决。前者提供模型，后者提供理论和方法。毫无疑问，运筹学也离不开一般系统论、控制论和信息论理论的支撑，一定程度上是在"老三论"基础上的应用创新。

运筹学博大精深。随着运筹学的不断发展和内容演变，其内容更加丰富和多样，如动态规划、随即规划、图与网络、组合优化、非线性规划、多目标规划、库存论、可靠性理论、搜索论、马尔科可夫决策过程、随机模拟、管理信息系统等。不同领域和应用使其又发展出了计算运筹学、工程技术运筹学、管理运筹学、工业运筹学、农业运筹学、交通运筹学、军事运筹学等。运筹学的特点体现了系统性、多学科交叉性和模型的使用。

5.1.3 基于运筹学的模糊层次分析法在复杂经济决策中应用

层次分析法（Analytic Hierarchy Process, AHP）是由美国著名的运筹学家萨蒂（T. L. Satty）等人于 20 世纪 70 年代提出的一种定性和定量相结合的多准则决策方法，至今仍有较好的应用价值。AHP 的基本原理是基于运筹学的排序论原理，将决策的问题看作是受多种因素影响的一个系统，将这些因素按照它们之间的隶属关系排成从高到低的若干层次，并逐层对各因素两两比较重要性，最后对排序结果进行分析，辅助决策。模糊层次分析法（Fuzzy Analytic Hierarchy Process, FAHP）可以算是层次分析法的升级版，引入了模糊数学的原理，从字面上看，貌似"模糊"了，但实质是更准确了，更贴近现实了，其估计值也更精准地趋于真值了。比如，你通过目测来判断某位女士的身高，该女士身高实为 165 厘米，你肉眼很难准确估出她的身高，如果你直接精确估计她的身高为 164 厘米或 166 厘米虽然离真值 165 厘米更近了但是估计错了；如果你模糊一点处理，估计她的身高在 160 厘米—170 厘米之间，虽说估计值模糊了，但是估计对了。特别是将 AHP 引入到复杂的经济系统，有时模糊处理，会更科学合理，这就是 FAHP 一定程度上优于 AHP 的美妙之处。

运用 AHP 和 FAHP 建模，大体上可按下面 4 个步骤进行：

(1) 建立递阶层次结构模型。具体包括目标层、准则层、方案层。目标层只有一个，但准则层、方案层可以多个。

(2) 构造出各层次中的所有判断矩阵。

针对准则B_k，两两元素C_i，C_j进行比较，判定哪个更重要，以及重要性大小程度。构造的判断矩阵$C = (C_{ij})_{n \times n}$如下：

B_k	C_1	C_2	$\cdots$	C_n
C_1	C_{11}	C_{12}	$\cdots$	C_{1n}
C_2	C_{21}	C_{22}	$\cdots$	C_{2n}
$\vdots$	$\vdots$	$\vdots$	$\vdots$	$\vdots$
C_n	C_{n1}	C_{n2}	$\cdots$	C_{nn}

显然，矩阵C具有如下性质：

(1) $C_{ij}>0$;

(2) $C_{ij}=1/C_{ij}$（$i \neq j$）

(3) $C_{ij}=1$（$i=j$; i, $j=1$, 2, …, n）

每一个C层级，可能有若干个指标，但只能对应一个准则B。可能有若干个C层级，分别对应若干个准则B。准则B也可以有多个层级。若干个准则B，则只能对应一个目标A。如图5-1所示：

A

B1; B2 … …

B11 B12 … …; B21 B22 … …

… …

C111 C112 … …; C121 C122 … …; C211 C212 … …; C221 C222 … …

C1111 C1112… …; C1121 C1122… …; C1211 C1212 … …

… …

图 5-1 各层级示意图

(3) 层次单排序及一致性检验。在同一个层级中，按重要性程度进行排序。重要性程度可以按照1到9标度方法，如同等重要、稍微重要、明显重要、强烈重要、极端重要，也可以按照1到7甚至1到5标度方法，如同等重要、较重要、重要、很重要，同等重要、较重要、很重要。标度越细分，从理论上讲，刻画越准确，但由于涉及多名专家主观评判，往往意见难以统一，有时不如将标度粗化，粗化后往往专家的意见能够集中并形成统一。定性问题定量化后，就可以计算出各自权重，权重的大小即为重要程度的大小，由此可以排序，得到优选方案。为了防止最后的集中评判意见出现逻辑不能自洽甚至自相矛盾之处，所以，对层次单排序后，需要进行一致性检验。其具体步骤包括：

首先，根据公式 5.1 计算判断矩阵最大特征根 λ_{max}，该公式是给定的，具体推导过程略。(a_{ij}) 表示 A 矩阵，$(W_i)^T$ 表示特征向量 W。有如下计算公式：

$$\lambda_{max} = \frac{1}{n} \sum_{j=1}^{n} (a_{ij})_i (W_i)^T / W_i \tag{5.1}$$

$(a_{ij})_i$ 表示 A 矩阵的第 i 行，W_i 表示 B_i 的权重，为形象地表达公式内容，以真实的案例数据展示特征值计算过程。详见表 5-1 和表 5-2。

表 5-1 各指标赋值及权重

	B_1	B_2	B_3	B_4	B_5	B_6	$(a_{ij})_i(W_i)^T$
W_i	0.1588	0.1845	0.1983	0.0494	0.1554	0.2535	
B_1	1	1	1	4	1	1/2	1.0213
B_2	1	1	2	4	1	1/2	1.2196
B_3	1	1/2	1	5	3	1/2	1.2893
B_4	1/4	1/4	1/5	1	1/3	1/3	0.3111
B_5	1	1	1/3	3	1	1	0.9665
B_6	2	2	2	3	1	1	1.6403

表 5-2 特征值计算过程

	B1	B2	B3	B4	B5	B6
$(a_{ij})_i(W_i)^T$	1.0213	1.2196	1.2893	0.3111	0.9665	1.6403
W_i	0.1588	0.1845	0.1983	0.0494	0.1554	0.2535
$(a_{ij})_i(W_i)^T/n$	1.0719	1.1017	1.0753	1.0496	1.0366	1.0784

$$\lambda_{max} = \frac{1}{n} \sum_{j=1}^{n} (a_{ij})_i (W_i)^T / W_i = 6.4135 \tag{5.2}$$

其次，计算判断矩阵一致性指标 I_c，计算公式也是给定的。

$$I_C = \frac{\lambda_{\max} - n}{n-1} = \frac{0.4135}{5} = 0.0827 \tag{5.3}$$

再次，计算随机一致性比率R_c，计算公式也是给定的。

$$R_c = \frac{I_c}{I_R} = \frac{0.0827}{1.24} = 0.0667 \tag{5.4}$$

如果 R 这个值小于 0.1，表明专家的主观意见趋于一致性，反之，则不能通过一致性检验。

(4) 层次总排序及一致性检验。层次总排序和一致性检验的原理同上。需要最终计算出各层元素对系统目标 A 的合成权重。

需要说明的是，这类经济决策一般需要结合应用模糊数学和统计学一般原理，大多数时候需要构建模糊集的隶属函数。例如，给定了论域 X 上的模糊子集 A，是指对应任何 $x \in X$，都指定了一个数 $\mu_A(x) \in (0,5]$，称做 x 对 A 的隶属度，$\mu_A: X \rightarrow (0,5]$ 称为 A 的隶属函数，A 记为

$$A = \int_X (\mu_A(x)x) \tag{5.5}$$

当 X 为有限集 $\{x_1, \ldots x_n\}$，A 也可以记为

$$A = \frac{\mu_A(x_1)}{x_1} + \ldots + \frac{\mu_A(x_n)}{x_n} \tag{5.6}$$

设这里 $n=5$，且 $x_1 \rightarrow (0,1]$；$x_2 \rightarrow (1,2]$；…；$x_5 \rightarrow (4,5]$。就指标的权数而言，依据本级指标对上一级指标（准则层或目标层）的特征值确定，"不重要、有点重要、相当重要、很重要、极其重要" 分别映射的分值区域为 x_1、x_2、x_3、x_4、x_5。基于中位数原理和模糊数学方法，为了更加直观、粗线条呈现综合评价结果，评价模型可设 $x_1 \rightarrow 1$；$x_2 \rightarrow 2$；…；$x_5 \rightarrow 5$。如此，就可以模糊地相对准确地计算出最终结果，供经济决策参考。

5.2 混沌学与复杂经济学

5.2.1 混沌学形成背景与历史演变

5.2.1.1 中国古代先贤对混沌的理解

中国古人想象认为，混沌是盘古开天辟地之前宇宙模糊一团的状态。中国传说认为，盘古生于混沌，经过一万八千年的发育，奋而开天辟地，阳清上升为天，阴浊下凝为地，混沌终于演化为宇宙。中国古代学者很早就有涉及"混沌"的论述，春秋时期（公元前 770 至公元前 476 年）的《老子》（《道德经》）第 25 章所说"有物混成，先天地生。"明代小说家吴承恩的《西游记》开首便诗曰："混沌未分天地乱，茫茫渺渺无人见。"战国中后期的庄子及其后学所著《庄子》（《南华经》）中也论及了混沌的重要性，"万物云云，各复其根，各复其根而不知，浑浑沌沌，终身不知，若彼知之，乃是离之。" 中国道教代表人物庄子将混沌思想引入到个人政治生活策略的研究之中，他洞悉易理，指出"《易》以道阴阳"，其"三籁"（人籁、地籁、天籁）思想与中国远古文明的著作《易经》三才（天才、地才、人才）之道相合。中国近代思想家梁启超（1873—1929）曾云，"思想是人类意识中最高级和最重要的行为"。老子的天道理论、辩证思想和庄子的天道观念、自由思想、辩证与相对主义，虽然没有任何数学或政治经济学模型作为支撑，但体现了对混沌和混沌思想高深内涵的理解。混沌思想与梦更为接近，公元前 300 多年庄子在"庄周梦蝶"中提出的哲学论点，"不知周之梦为胡蝶与，胡蝶之梦为周与？"，道出了真实与虚幻一线牵。

5.2.1.2 西方学人对混沌的理解

"混沌"对应的英文单词为"chaos"，原意是指先于一切事物而存在的广袤虚无的空间，后来罗马人把"混沌"解释为原始的混乱和不成形的物质，而宇宙的创造者就是用这种物质创造出了秩序井然的宇宙。早期的古希腊自然哲学家在公元前五六百年亦有认为，有序世界源自始基，始基源于混沌。不同的人可能有不同的思想，可能对混沌的理解也不一，法国布莱兹·帕斯卡尔是十七世纪著名的思想家，他的著作《人因为思想而伟大》记载，"人类的全部尊严就在于思想"。18 世纪德国哲学家康德的星云假说，首次提出了太阳系是从混沌的原始星云发展起来的。法国数学家、天体学家庞加莱于 1903 年提出了"庞加莱猜想",即"任何一个单连通的,闭的三维流形一定同胚于一个三维的球面",证实三体运动即三个可视为质点的天体在相互之间万有引力作用下的运动规律,可能存在非周期性的轨道,具有"混沌性"。

5.2.1.3 混沌学已经发展成为一门学科

混沌的学术定义。结合前人的研究成果,混沌这一专有术语可定义为:介入有序与无序之间,或为简单确定系统里明显的随机循环行为,其对初始条件敏感并具有可行域,是一种无周期的秩序,是系统貌似无规行为的规律性。也有学者这样来描述混沌:它是从有序中产生的无序运动状态,无序来自有序,无序中蕴含着有序,有序和无序是对立统一的,往往是高一层次上是有序的,而低一层次上是无序的。

混沌学问世逾 60 年。以 1963 年美国气象学家洛伦兹根据耗散结构理论在实验中发现"决定论非周期流",即初始条件最微小的差异都会导致轨线的行为无法预测的混沌现象为开端标志,混沌学研究至今已逾 60 年时间。二十世纪六十年代初,混沌学开始在美国兴起。随后,混沌理论这门新兴学科迅速发展并广泛应用到其他学科领域。混沌理论是复杂系统科学的一个分支,致力于研究混沌动力系统的状态,其动态状态通常由对初始条件高度敏感的确定性定律支配,这些状态的无序和不规则状态显然是随机的。在混沌复杂系统的表面随机性内,存在着潜在的模式,恒定的反馈环、重复、自相似、分形和自组织。十九世纪末和二十世纪初,庞加莱和李雅谱诺夫等人对混沌的研究,奠定了混沌学的科学基础,并激发了全球科学家、学者等进一步探索有关问题的兴趣。混沌理论的贡献者除了美国的爱德华·洛伦兹(Edward Lorenz)外,还有很多学者,比如,《自然的分形几何》作者、波兰裔法国裔美国数学家伯努瓦·曼德布洛特(1924—2010),"费根鲍姆(Feigenbaum)常数"($D=4.669201660910399097\ldots\ldots$)发现者、美籍物理学家米切尔·费根鲍姆(1944—2019),《周期三蕴含混沌》的共同作者、旅美华人数学家李天岩博士(1945—2020)和其导师、美国马里兰大学教授詹姆士·约克(James A. Yorke),中国学者郝柏林院士(1934—2018)等人。

混沌学寓于不同学科中。混沌理论始于遍历理论,遍历理论源于"遍历假设"。早期的混沌学,主要受物理学、天体力学的启发,研究内容包括流体运动、湍流、无线电路和天文等。电子计算机是推动混沌理论发展的催化剂，混沌理论的许多数学都涉及简单数学公式的重复迭代，而这是手动工作量无法完成的，电子计算机使这些重复的计算变得切实可行，而图形和图像使这些系统的可视化成为可能。混沌的行为存在于许多自然系统和社会系统中，包括流体流动、心跳不规则、天气和气候等，包括股票市场和道路交通秩序等。混沌理论在多学科中都有应用，包括气象学、人类学、社会学、物理学、环境科学、计算机科学、工程学、经济学、生物学、生态学和哲学等。生物学表明，在生物界有许多生物的形态就具有混沌特征，貌似无序状，实则有规律，蕴含着有序的无序运动状态，是有序和无序的对立统一。气象学表明，气候不能精确重演，体现了混沌的非周期性，对长期天气预报的无能为力，暴露了混沌的不可预见性特征。物理力学表明，钟摆现象表现为混沌是一个简单的决定论系统中出现的一种随机反复的性态，"打片儿瓦"（打水漂）现象体现了混沌是不规整的不可预测的来自决定论的非线性动力学系统的性态。

5.2.2 混沌学主要内容

5.2.2.1 混沌内涵的数学物理表达

Chaos，通常中文释义"混沌"，指"混乱状态"。在混沌理论中，该术语的定义更为精确，如 5.2.1.3 小节所云。混沌的第一个数学定义是 20 世纪 70 年代由李天岩和约克（Li-Yorke）提出的，认为"周期 3 即混沌"。如果 $f\{f[f(x)]\}=x$，那么就说 x 是 f 的 3 周期点。

1983 年辛伯格（Singberg）学者依据李天岩和约克的定理提出了混沌的如下数学定义：

设 $I=[A,B]$，假定从 $I \times R$ 到 I 的映射 F：

$$(x, \lambda) \rightarrow F(x, \lambda) \quad x \in I, \lambda \in R \tag{5.7}$$

或

$$x_{n+1} = F(x_n, \lambda) \quad x_n \in I, \lambda \in R \tag{5.8}$$

是连续的，其中 λ 为单参数，映射 F 被称为是混沌的，若：

（1）存在一切周期的周期点；

（2）存在不可数的非周期点集 S，$S \subset I$，且

$$\lim_{n\to\infty}\inf\left|F^n(x,\lambda)-F^n(y,\lambda)\right|=0 \qquad x,y\in S, x\neq y ; \tag{5.9}$$

$$\lim_{n\to\infty}\sup\left|F^n(x,\lambda)-F^n(y,\lambda)\right|>0 \qquad x,y\in S, x\neq y \tag{5.10}$$

$$\lim_{n\to\infty}\sup\left|F^n(x,\lambda)-F^n(p,\lambda)\right|>0 \qquad x\in S, p \text{ 为周期点} \tag{5.11}$$

成立，这里是F^m的第 n 次迭代。这个定义一般只适用于一维的情形。

此外，20 世纪 20 年代，法国数学家尤利亚研究了复平面上的解析映射：

$$F: Z\to F(Z) \tag{5.12}$$

$$F: Z=Z^2+C \tag{5.13}$$

这是一种特殊类型的抽象混沌运动，可以从中得到一大批分形图形。在生态领域，经过数代人的不懈努力，提炼出了逻辑斯蒂方程（Logistic Equation）：

$$X_{n+1}=Ax_n(1-x_n) \tag{5.14}$$

它是描述种群系统演化的适当模型，可用于解释观察到的生物系统的一些不规则的生态系统演化现象，A 为常数。该方程也可用于描述在有限资源下的种群增长模型，比利时数学家韦吕勒（Verhulst, Pierre — Francois，1804—1849）提出如下表达方式：

$$\frac{dN}{dt}=rN(1-\frac{N}{K}) \tag{5.15}$$

进一步分析，"周期 1"即周期为 1，"周期 3"即周期为 3。1 个周期相当于 1 个不动点，3 个周期表明有 3 个不动点，而这个不动点可以视为抛物线方程的一个根。以米切尔·费根鲍姆实验的数列周期规律为例，当"抛物线映射"，亦称 Logistic 映射，经过多次迭代（λ）后，整个数列最后会收敛到"不动点"X^*，如图 5-2 所示。横轴显示为增长率，纵轴为人口数。该分枝图可以被视为从物理层面显示了稳定型周期性分叉，每一个分叉点都是倍周期的分叉，发生分叉的 r 值之间的连续间隔长度之比收敛于费根鲍姆（Feigenbaum）常数。

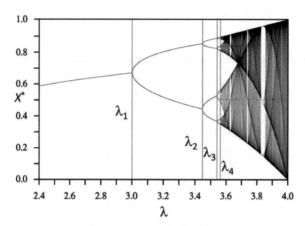

图 5-2 费根鲍姆的不动点

此外，在 Li-Yorke 定理的基础上，美国数学家罗伯特·德瓦尼（Robert L. Devaney）于 20 世纪 80 年代对混沌的定义进行了补充。其将动力学系统归类为混沌系统时，要求它必须具有以下特性：

A. 必须对初始条件敏感；

B. 必须是拓扑可传递的；

C. 必须有密集的周期性轨道。

A 是混沌系统中最重要属性。在某些情况下，B、C 两个属性实际上已表明对初始条件敏感。图 5-3 为经典的三重振子动力学混沌系统模拟形态。

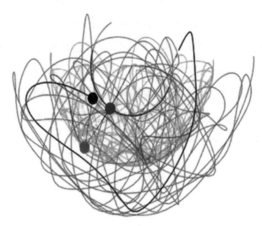

图 5-3 三重振子摆锤混沌系统模拟

5.2.2.2 混沌的主要属性与特征

（1）混沌的内在随机性

从确定性非线性动力系统的演化过程来看，混沌区的行为表现为随机不确定性。然而，这种不确定性并不是源于外界随机因素对系统运动的影响，而是源于系统本身非线性相互作用的结果。

（2）混沌的自相似性

某个层次的非决定性，可能存在着更高层次或更深层次的确定性。混沌现象中隐藏着有序，不能仅从事物的某一个层次看事物，而应从更高层次或更深层次看，从无序中找出某种事物发展的规律。混沌运动具有各种尺度而无特定尺度，这些统称为自相似性。

（3）混沌是拓扑超对称的自发分解

在连续时间的动力系统中，混沌是拓扑超对称性的自发分解现象，这是所有随机和确定性（偏）微分方程的演化算子的固有属性。这种动态混沌现象不仅适用于确定性模型，而且适用于具有外部噪声的模型。从物理角度来看，所有动态系统都会受到其随机环境的影响。与混沌动力学相关的远程动力学行为，如人们熟知的蝴蝶效应，就是南部—戈德斯通定理（Nambu-Goldstone）的结果在自发的拓扑超对称破坏中的应用。Nambu-Goldstone 定理属于量子力学和高能物理学领域，指连续对称性即由一个状态翻转至另一状态而不变的镜射对称相对，被自发破缺即物理系统本身出现自发对称破缺之后，必存在零质量玻色粒子这一定论。此粒子也被称为戈德斯通或南部—戈德斯通玻色子。

（4）混沌的自发秩序

人们在走路时彼此步调一致，当每个人从左脚移到右脚再向前或后移动时，会产生同步钟摆效应，这一现象被称为仓本模型。如伦敦千禧桥摇晃，就是仓本模型的典型案例。当能量从人的脚步声传递到桥梁，以及随后的桥梁摇摆，是负阻尼效应，即振幅随时间增加而增大的振荡。标准的仓本模型是逐渐发生同步的，而高阶同步是以一种"爆炸性"的方式突然发生。这一特征，体现了混沌的自发秩序，如大脑中一起放电的神经元和在黑暗中闪烁一致的萤火虫。

（5）混沌对初始条件的敏感性

混沌描述了确定性非线性系统的前一种状态的微小变化如何导致后

一种状态的较大差异，这种行为的形象比喻是，一只蝴蝶在南美洲的巴西扇动翅膀会在美国得克萨斯州引发飓风。民间流传的古代诗歌，也蕴含着这个道理，"断了一枚钉子，掉了一只蹄铁；掉了一只蹄铁，折了一匹战马；折了一匹战马，摔死了一位将军；摔死了一位将军，吃了一场败仗；吃了一场败仗，亡了一个国家。"初始条件的微小差异，可能会为此类动力学系统带来大相径庭的结果，而且通常无法对其行为进行长期预测。爱德华·洛伦茨（Edward Lorenz）也曾总结，"由当前的混沌系统决定未来的混沌系统时，可以近似确定当前并不能近似确定未来。"从另一个侧面，其结果也验证了遍历假设或准遍历假设。著名的墨菲定律，阐述的就是遍历性原理，"一件事情如果有可能出错，不论可能性有多小，只要时间足够长，就一定会发生"。

（6）混沌的非周期性

混沌系统可能具有不断重复的演化变量值序列，从该序列的任何点开始提供周期性行为。但是，这样的周期性序列是排斥而不是吸引，这就意味着，如果有演化变量在序列之外，即便其无限接近序列内的变量，那么它将不会进入序列，并且实际上会偏离序列。因此，对于几乎所有初始条件，变量都会以非周期性行为混沌地演化。进一步分析，一个系统朝某个稳态发展的趋势，这个稳态就叫作吸引子。系统从一个吸引子跃迁到另一个吸引子的过程，就构成一个周期。如果这个周期不能精确重演，则表明为非周期的特征。

（7）混沌的拓扑混合

拓扑混合即混合式拓扑（Hybrid Topology），是指使用任何两种或多种网络拓扑结构之组合。以混合方式组合，得到的网络呈现不同标准的拓扑结构，如包含总线、星状的"星状总线网络"和包含星状、环状的"星环网络"，其特征是网络更具复杂性，更容易形成混沌。如，有色染料或液体的混合就是混沌系统的典型案例。

（8）混沌的奇异吸引子

一些动力学系统，例如 $x \to 4x(1-x)$ 定义的一维逻辑图，到处都是混沌的，但是在许多情况下，混沌行为仅在相空间的子集中发现。当混沌行为发生在吸引子上时，那么大量初始条件导致轨道收敛到该混沌区域。奇异吸引子是吸引子中的特殊形态，是混沌系统中无序稳态的运动形态。与定点吸引子和极限环不同，由混沌系统产生的吸引子即奇异吸引子具有复杂性。何为定点吸引子，如海纳百川的"大海"、落叶归根的"树根"。何为极限环，在数学概念里，极限环是相空间里的闭合周期轨道，当且当自变量趋于无穷的时候。何为相位，相位常应用在数学、物理学等领域，相位发生在周期性的运动之中，相位最直接的理解是角度，这个角度存在于匀速圆周运动之中。如，在函数 $y=Acos(\omega x+\varphi)$ 中，$\omega x+\varphi$ 被称为相位。

如图 5-4 所示的洛伦兹吸引子，就是著名的典型的奇怪吸引子。

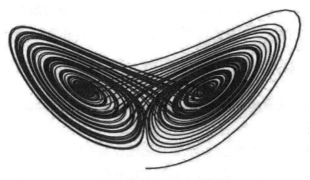

图 5-4　洛伦兹吸引子轨迹

（9）混沌系统的确定性与不确定性

混沌系统的短期行为或可以预测。混沌系统可以预测一段时间，然后"出现"或成为随机。有效预测混沌系统行为的时间是有极限的，这个极限长度即相当于李雅普诺夫时间。举例解释李雅普诺夫时间，混沌的电路系统的时标，可能是毫秒；混沌的天气系统的时标，或是几天、一周、两周；混沌的太阳系演变的时标可能是四百万年。在混沌系统中，随着时间的流逝，预测的不确定性呈指数增长。从数学上讲，预测时间加倍超过预测中比例不确定性的平方。也就是说，超过李雅普诺夫（Lyapunov）时间的两倍难以做出有意义的预测。

混沌的不可预见性。混沌理论排除了法国数学家、物理学家拉普拉斯（1749—1827）可预见性的狂想。拉普拉斯曾经夸口，如果已知宇宙中每一粒子的位置及速度，根据牛顿力学，他就能预知宇宙在整个未来中的状态。混沌并非混乱，而是确定性系统中出现的貌似不规则的有序运动，介于完全的确定论和纯粹的概率论之间。有许多偶然的、随机的和模糊的因素在事件过程中起作用，因而使得其未来不可预测，比如投掷硬币、摇奖等。当代人类难以对自然灾害作出长期（一年以上）和中期（数月）的预报，这与古希腊哲学家苏格拉底（公元前469—公元前399）所云"我唯一知道的是我一无所知"，与奥地利哲学家、批判理性主义创始人卡尔·波普尔（1902—1994）关于世界不可预测的"三段论"（人类的知识、人类对世界的看法，对人的行动都会有所影响；人类的知识本身是增长的，总有一些事情是明天才知道，今天不知道的；这个只有明天才知道、今天不知道的知识增量，也对人类的行为有影响，而它就不可预测），与维尔纳·海森堡（Werner Heisenberg）1927年提出的物理学领域的测不准原理，即不可能同时精确确定一个基本粒子的位置和动量，有异曲同工之处。

5.2.3 混沌学在复杂经济系统中的广泛应用

混沌学在复杂经济系统中具有广泛的应用。通过对混沌学的研究，经济决策者应学会：从简单的经济事件中发现复杂经济问题，通过改善经济模型来分析复杂经济问题，通过运用混沌控制手段来解决复杂经济问题。中国籍学者陈平教授在混沌经济研究领域获得了非凡的贡献，在复杂系统科学和非线性经济动力学等新兴交叉学科的研究中居于世界前沿。研学他的既有成果，一方面可以站在巨人和前人的肩膀上看待混沌经济，另一方面可以佐证混沌学在复杂经济系统中已知的自觉和不自觉应用，以及未来的应用前景。

混沌学推动理论经济学发展。现实世界中，非线性现象远比线性现象广泛，经济问题更是这样，"白混沌"模型不及"色混沌"模型更贴近真相。在真实世界中，市场经济在各种冲击下表现出很强的韧性，具有混沌性。探测经济混沌有三重困难：一是经济数据的时间跨度短，噪音高；二是经济观察与天文观察类似，变化多端，难以可控制可重复的实验来不断验证特定的理论模型；三是经济活动是人的行为，动力学系统的时间尺度和观察者相近。无论如何，有理由相信，"非线性经济动力学的发展，将根本改变目前以线性均衡理论为主导的理论经济学的体系和规范"（陈平，2000）。混沌经济学已涉及经济周期、厂商供求、财政、货币、储蓄、股市等几乎所有经济领域。

中国成功经验佐证了混沌学的非线性动力学分析方法的实际意义。自1989年柏林墙倒塌后，东欧和苏联的休克疗法式的经济转型模式，被当时西方主流经济学认为是从计划体制向市场体制转变的最优设计，反而质疑中国的改革试验做法，即有控制的分权和渐进自由化改革（陈平，2000）。前者为理想化的设计，建立在牛顿经典力学观念的基础之上，实质是过分简化了社会制度中复杂的非线性的属性，忽视了人类行为的有限理性。人的本质是适应环境变化的社会动物，而非无视环境变化的理性的个体机器。后者，以动力学系统中混沌现象为关注对象，自 1978 年启动经济改革开放后，决策者们强调"摸着石头过河"，考虑负、正反馈的催化机制，注重演化自组织在非线性和非稳态世界中所起的建设性作用，最终取得了令世人瞩目的经济辉煌成就。2023 年中国 GDP 为 126.06 万亿元，稳居世界第二，人均 GDP 为 89358 元，而 1978 年中国 GDP 仅为 3678.7 亿元，人均 GDP 仅为 385 元；2023 年中国货物进出口贸易总额 417568.30 亿元，稳居世界第一，而 1978 年中国货物进出口贸易总额仅为 355.00 亿元；2023 年中国居民人均可支配收入 39218 元，而 1978 年仅为 171 元；2023 年中国黄金储备 7187.00 万盎司，外汇储备 32379.77 亿美元，而 1978 年黄金储备仅为 1280.00 万盎司，外汇储备仅为 1.67 亿美元。2023 年中国城乡居民恩格尔系数 (%) 为 29.8，而 1978 年为 63.9，表明百姓收入用于食物支出明显减少，生活质量得到大幅度提升；2020 年中国人均平均预期寿命 77.93 岁，比 1981 年 67.77 岁，增加了 10.16 岁。中国崛起的经验是多方面的，包括中国政治稳定、领导人交替平稳，军事稳定、对外未发生大规模军事冲突与战争，经济稳定、未发生严重的经济和金融危机外，一定程度上超越了计划和市场二元对立的经济学理论，更体现了"混合经济"的实用性。1992 年初，邓小平发表重要谈话时指出："计划多一点还是市场多一点，不是社会主义与资本主义的本质区别。计划经济不等于社会主义，资本主义也有计划；市场经济不等于资本主义，社会主义也有市场。计划和市场都是经济手段。"2022 年，中国政府明确提出走中国式现代化之路，强调物质文明和精神文明相协调、人与自然和谐共生，充分体现了混沌学的思想。

关键词

运筹学 混沌学 O.R. 层次分析法 AHP 模糊层次分析法 FAHP
目标层 准则层 方案层 判断矩阵 一致性检验 特征向量 特征值
隶属函数 老子 庄子 始基 星云假说 庞加莱猜想 洛伦兹
遍历理论 遍历假设 混沌理论 蝴蝶效应 分维性 费根鲍姆常数
逻辑斯蒂方程 Li-Yorke 定理 自相似性 拓扑超对称
南部—戈德斯通定理 玻色粒子 仓本模型 负阻尼效应
混合式拓扑 吸引子 奇异吸引子 李雅普诺夫时间
世界不可预测的"三段论" 测不准原理 "白混沌" "色混沌"
负反馈 正反馈 计划经济 市场经济 混合经济 中国式现代化

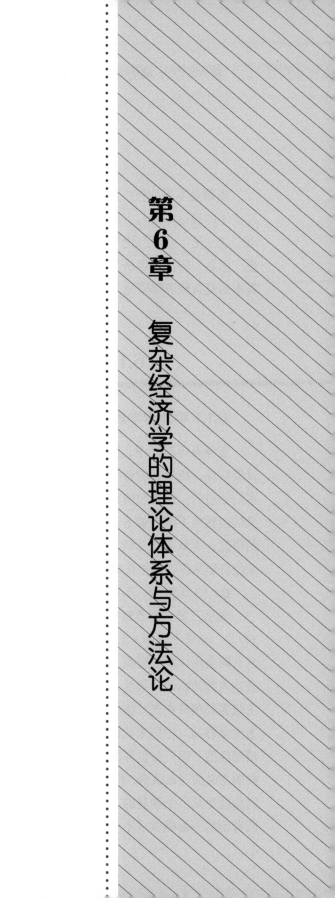

第 6 章

复杂经济学的理论体系与方法论

　　本章是本书的核心所在，也是主要创新和贡献处之一，试图构建复杂经济学的理论体系与方法论。所谓的理论体系，将在哲学思想的指导下，以"老三论""新三论""又新两论"为主要理论支撑，形成了包含十六把"钥匙"的复杂经济学理论体系。所谓的方法论，将罗列和解析十二种基本的复杂经济学研究方法，构成从一般到特殊的复杂经济学方法论体系。

6.1 复杂经济学的理论体系

6.1.1 中外哲学思想指导复杂经济学发展

　　哲学是万学之学，哲学同样对复杂经济学有指导作用。复杂经济学因其复杂性，指导其的哲学思想强调集大成，海纳百川。哲学思想是由哲学家们创造的。纵观和研究中外哲学思想与哲学家，对复杂经济学有指导意义的包括但不限于如下。需要说明的是，对哲学的研究属于另一番高层次的研究，本章节的总结、提炼、归纳与分析可能有偏颇之处，但不影响复杂经济学从哲学那里获得指导与帮助。

　　6.1.1.1 无知论、不可知论、怀疑论提醒人们认知世界的复杂性

　　希腊三贤，即苏格拉底（公元前 470—399）、柏拉图（公元前 427—347）、亚里士多德（公元前 384—322）的观点之一"无知论"。苏格拉底有时会用"我知道我一无所知"这句话来表示对自己无知的认识，实乃表达人类知识的局限性。他的学生柏拉图是西方客观唯心主义的创始人，主张客观精神在先、物质世界在后，或许柏拉图式的"精神恋爱"一说更为大众熟知。中国宋代的朱熹（1130—1200）也主张"理在气先"，认为精神性的"理"是世界的本原，而物质性的"气"是"理"的派生物。柏拉图主义的观点认为，那些信仰仅限于感知的人无法达到更高层次的感知，物质世界是一个明显的、不断变化的世界，但另一个看不见的世界为我们所看到的一切提供了不变的因果关系。柏拉图的学生亚里士多德说，"吾

爱吾师，吾更爱真理"，抛弃了老师所持的唯心主义观点，不同于柏拉图以自己假定的理想国衡量现实，主张从现实出发，使用演绎法推理。

不可知论认为除了感觉或现象之外，世界本身是无法认识的。1869 年英国的托马斯·亨利·赫胥黎创造了不可知论，否认认识世界或彻底认识世界的可能性。大卫·休谟（1711—1776）是近代欧洲不可知论的主要代表之一，他指出，认识完全局限在经验的范围内，人不仅不能感知和证明物质实体的存在，也不能感知和证明精神实体（包括宗教）的存在。休谟与法国哲学家勒内·笛卡尔等理性主义者不同，休谟专注于激情而非理性如何控制人类行为。休谟的观点其实也是怀疑主义和自然主义的体现。伊曼努尔·康德（1724—1804）也是近代欧洲不可知论的重要代表，他认为在事物的背后存在一个不可认识的物自体。不可知论哲学体现的精神是一种怀疑精神，古希腊怀疑派代表人物芝诺（约前 490—前 425）认为，人的知识好比一个圆圈，生动揭示了有知和无知的辩证关系。圆圈内是已知的，圆圈外是未知的；知道越多，圆圈越大，不知道的也就越多。勒内·笛卡尔（1596—1650），法国哲学家、数学家和科学家，抛弃对所有不绝对确定的事物的信仰，强调对可以确定的事物的理解。他是理性主义者，反对经院哲学和神学，怀疑自己一生所学到的一切，指出"我们所不能怀疑的是'我们的怀疑'"。他的著名哲学思想"我思故我在"认为，可以怀疑很多事情，但不能怀疑自己在思考，因为"思考自己是否存在，本身就证明了自己的存在"。

无论是无知论、不可知论，还是怀疑论，均告诫人们认识世界的复杂性。宇宙是如何形成的？暗物质存在与否？生命的起源是啥？人的意识来自哪里？这一切等等，都有待人们去探索认知。具体体现在复杂经济学中，人们需要探讨的未知的经济现象和原理等还有许多许多。

6.1.1.2 可知论增强人类积极探索复杂世界的信心

可知论是认为世界可以认识的哲学学说。可知论强调认识具有无限性，彻底的唯心主义者，如德国哲学家黑格尔（1770—1831）的"绝对精神"（宇宙间万事万物的精神）理念，也肯定世界是可知的。英国的哲学家培根（1561—1626），提出了唯物主义经验论的一系列原则，批判亚里士多德的一些无用的思辨哲学，主张通过实验和观察来获得真知，提倡归纳法则，从具体实践中总结普遍真理。德国的卡尔·马克思（1818—1883）和弗里德里希·恩格斯（1820—1895）是历史唯物主义和辩证唯物主义的代表，他们认为世界是可以认识的，认为世界的可知性根源在于物质和意识的本性。物质的本性即客观实在性，能够作用于人们的感官，为人们的感官所感知；意识作为人脑的机能和属性，具有反映客观存在的本性。德国哲学家弗里德里希·尼采（1844—1900）的虚无主义，是受到尼采所云"我的先驱是叔本华"的非理性的唯意志论、悲观主义的影响，尼采的批判精神激励人们探索客观的真理。奥地利哲学家、批判理性主义创始人卡尔·波普尔（1902—1994）认为，科学知识不等于真理，他的证伪主义是挑战决定论、探索复杂而深奥的科学的有用武器。

万物皆可知的可知论作为一种哲学学说，激发人类认识和改造世界的渴望，使得人们对复杂经济学的未来充满信心。

6.1.1.3 "道"是复杂经济学探究的本质

易经讲究"自然而然"的规律。中国的易经主导中国哲学的缘起。易经是中国沿用两千多年的通学史籍，也是儒家、道家的发源地。儒家的形而上学，出自于《周易·系辞上》，"形而上者谓之道，形而下者谓之器。"道家的"道生一，一生二，二生三，三生万物"的生成之道，根源于《易经》的"易有太极，是生两仪，两仪生四象，四象生八卦"思想。易经认为，天地万物都处在永不停息的发展之中，适用"自然而然"的规律。

老庄"天人合一"思想也是基于"道"。在老庄看来，道作为万物相互联系、相互构成的整体，从根本上讲，任何一物的存在都依赖于他物的存在。老子（生活在公元前六世纪至四世纪）的生成之道和庄子（约公元前369年到约公元前286年）的"天人合一""齐物为一"属于同路，主张人和万物从根底上是不可分离的，不存在独立于人的物理世界。

万事万物皆有"道"。得罪什么，不要得罪"道"。丹麦的存在主义哲学家索伦·克尔凯郭尔（1813—1855），从个人的"存在"出发，把个人的存在和客观存在联系起来，探索客观真理与主观真理，也是这个"道"。瑞士的哲学家让-雅克·卢梭（1712—1778）认为，越偏离"自然状态"，就越接近"物种灭绝"，和中国的"道法自然"理念吻合。

复杂经济学的研究，从本质上看，就是追求"格物致知"，就是为了寻找这个"道"，寻找解决复杂经济问题的"道"。

6.1.1.4 "实践论""矛盾论"为复杂经济学方法论提供了理论指导

毛泽东主席"实践论""矛盾论"哲学思想。1937 年，毛泽东主席撰写了《实践论》和《矛盾论》，这是毛泽东主席成熟的主要哲学代表作。《实践论》抓住实践和认识这对认识论中的基本矛盾，强调实践第一的观点，强调一切从实际出发，调查研究，主观必须符合客观，思想必须反映客观实际。《矛盾论》阐明了矛盾普遍性和矛盾特殊性的辩证关系，强调把握矛盾特殊性的重要意义，"共性个性、绝对相对的道理，是关于事物矛盾问题的精髓，不懂得它，就等于抛弃了辩证法"。阐述了对立统一规律，强调不仅要研究客观事物矛盾的普遍性，尤其要研究它的特殊性，强调用不同的方法解决不同质的矛盾。

毛泽东主席"实践论""矛盾论"，对复杂经济学的方法论具有指导作用。复杂的世界和复杂的经济现象，需要人们遵循对立统一规律，注重实践，从实践中增长才干，从实践中去伪存真，探索真理。解决复杂的经济问题，需要秉持"一分为二"的客观态度。

6.1.2 复杂经济学的理论体系

复杂经济学的哲学和专业理论基础。如 6.1.1 小节所云，复杂经济学是自觉和不自觉中在不可知论、可知论、"自然而然""矛盾论"等多种哲学思想的指引和推动下逐步发展的。由系统论、控制论和信息论构成的"老三论"，由耗散结构论、协同论、突变论构成的"新三论"，以及由运筹学、混沌学构成的"又新两论"，是复杂经济学的专业理论基础。其实，复杂经济学本身仍在发展中。指导复杂经济学的哲学思想还有许多，有待于未来继续发掘和梳理。指导复杂经济学的专业理论，也会有诸多遗漏，如包括但不限于自组织理论、超循环理论、分形学、非线性科学和复杂适应系统理论等，也有待于今后补充和完善。

开启复杂经济学的十六把"钥匙"。近现代意义上的经济学，一般指西方经济学，历经重商主义、历史学派、古典经济学、新古典经济学、凯恩斯主义及 20 世纪 70 年代以后百家争鸣阶段。复杂经济学的思想早就有之，真正逐步走上经济学舞台的中央，如 2.1 所表达的就是近 50 年的事情。复杂经济学从字面上看，相对应的是简单经济学。但以简单经济学命名不妥，有诋毁古典经济学（classical economics）、新古典经济学之嫌。直接和古典经济学比较，又不能同时体现古典经济学和新古典经济学。而且，古典经济学和新古典经济学也体现了复杂经济学思想及其演进的过程。所以，将所谓的相对应的"简单经济学"，统称为"标准经济学"。沿着问题导向这一脉络，解开复杂经济学"大门"至少需要十六把"钥匙"。详见图6–1。

从问题本身看，需要考虑：

1. 研究主体对象：多样性而非单一性；

2. 研究主体的组织原则：个体与总体的非均等非均衡性，偏好放宽假设条件，标准正态分布应是小概率；

3. 研究主体的影响变量更多而非主成分；

4. 研究主体对初始条件或敏感；

从理论指导问题分析看，有关研究主体面对的问题，需要考虑：

5. 更多不确定性，可能存在永久未知；

6. 更多非线性，记住客观世界中存在的理想化的线性现象少；

7. 强调整体观和非简单叠加的整体涌现性；

8. 更多关注动态而非静态；

9. 强调外部环境的影响，更多开放而非封闭；

10. 致力于寻找经济系统中的"熵"和"熵值"；

11. 关注主体可能存在的两面性，或既是对立的又是统一的；

12. 关注主体的量变到质变，相变可能是渐进，也可能是飞跃；

13. 强调多学科融合，偏好数学和计算机科学；

从理论指导问题解决看，需要考虑：

14. 结论可能是非完美和有限的；

15. 结论可能存在多解，甚至是矛盾的，如收益递增或递减都会存在；

16. 强调对主体的全过程运筹与控制管理，主观上致力于解决部分甚至全部问题。

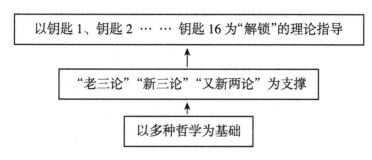

图 6-1 复杂经济学理论体系

6.2 复杂经济学的方法论

在 6.1 节中外哲学思想和复杂经济学理论体系的指导下，本节阐释复杂经济学的具体研究方法。

6.2.1 "把经济系统的复杂性当作复杂性处理"

经济系统是个复杂的系统，需要"把经济系统的复杂性当作复杂性处理"。一方面，需要敬畏经济系统的研究，牢记经济系统并不简单，有时甚至比自然科学更复杂，如人们对经济的预测可能不如对天气预报准确，应以无知论、不可知论、怀疑论常常提醒和告诫自己。例如，政府和市场关系是一对矛盾，如何处理这对矛盾，就是经济学上的世界性难题。政府和市场各自的作用是什么，不同的时期和不同的国家，是市场的作用多一点，还是政府的作用多一点，不是可回答的简单问题。在和平时代，抑或在战争年代，以及在不同的体制中，会有不一样的结果。

另一方面，需要以可知论增强人们探索复杂世界的信心。还以政府和市场关系为例，在中国，经过长期的探索已经发现了适合中国的经济发展的这对关系规律，2024 年中共二十届三中全会进一步明确认为，构建高水平社会主义市场经济体制，需要"充分发挥市场在资源配置中的决定性作用，更好发挥政府作用"。

6.2.2 常思经济系统的"道"和"熵"

经济系统的运行是有规律可循的，由"道"在主宰着经济系统。"熵"也是经济系统中比较重要的概念，熵值的高低决定着经济系统运行的好与坏。在研究经济系统时，人们需要经常思量经济系统的"道"和"熵"。

"道"或许是看不见摸不着的，"熵"也可能是无法度量的。比如，经济的全球化与非全球化在交锋，二战后期（1947年）由美国主导的关税及贸易总协定（GATT）和1996年替代GATT临时机构的世界贸易组织（WTO），均主张通过削减关税和其它贸易壁垒，消除国际贸易中的差别待遇，促进国际贸易自由化，但近年来，特别是特朗普2017年就任美国总统以来，主张"美国优先"，对华加征关税，中美贸易出现摩擦，以及2023年以来欧盟领导人多次指责中国"不公平竞争"，对华贸易也出现摩擦，于2024年欧方决定对自华进口电动汽车征收临时反补贴税。这些贸易纠纷的背后，其实是有"道"在支撑着。从眼前看，可能就是有关国家从本国立场出发过分考虑了自身利益的"小道"；放眼世界，从长远看，需要各方考虑到全球配置资源和提高整体经济效率的"大道"。中美经贸合作运行系统和中欧经贸合作运行系统是否健康，受到各自系统中"熵"的作用和影响，如何度量"熵"、控制管理"熵"，需要双方乃至全球的共同努力，是个复杂的问题。一定程度上，"实践论""矛盾论"的思想，能够帮助人们，并起到较好的效果。

6.2.3 把握研究主体对象的多样性

复杂经济学强调研究的主体贴近现实的世界，主体是多样化的，而非标准经济学所假设的单一主体。譬如说，标准经济学假设股票市场的投资者都是理性的，以逐利为目的，当股票上涨时，投资者期望获利，故买涨，当股票下跌时，投资者期望减少亏损，故卖跌，似乎投资者只有一个人。但事实上，众多的投资者，不会是统一行动，同时买涨或卖跌。"一千个人眼中有一千个哈姆雷特"，不同投资者对同一个股票的决策"千奇百怪"，心理不一，遂诞生了行为金融学。

复杂经济学对研究主体对象不在乎单一性，而是考虑多样性，越贴近客观事实越理想。再比如，标准经济学研究供求关系，往往假设市场仅存在 1 个供给者和 1 个需求者，供给多了，价格会下降，需求多了，价格会上升。但事实上，市场存在很多的供给者和需求者，不同的供给者对供给和不同的需求者对需求均有不同的预期，故不是那么简单的理想化的经济现象。

复杂经济系统研究的主体通常是多样化的。影响某一经济系统的数量和质量变化的主体可能较多，例如包括：有无政府的干预？市场上除了买者和卖者之外有没有做市商？不同国家、区域的买者和卖者有无差别？不同行业的买者和卖者有无不同特征？买者和卖者的心理是否影响买卖行为？买卖过程中有无技术性操作失误？等等。以上在数学表达中，除了因变量外，还会涉及多个核心自变量，还会涉及中介变量、调节变量、控制变量等。

——多个核心自变量

标准经济学强调核心自变量之间的相互独立性，尽可能显示理想状态的情形，事实上，在实践中自变量间做到完全的真正的相互独立不容易。复杂经济学则勇于承认自变量之间相互干扰，由于自变量之间的相关作用，从而涌现因变量新的功能。当自变量之间存在多重共线性，做回归分析时，对回归系数的解释需要持谨慎态度，因为多个自变量放在一起出现了多余的信息。

测量自变量之间多重共线性的方法有许多种，其中最简单的办法是测度各对自变量之间的相关系数，并对各相关系数进行显著性检验。如果自变量之间显著相关，或模型的线性关系 F 检验显著但所有回归系数的 t 检验不显著，或回归系数的正负号与预期相反，则存在多重共线性。

做标准经济学分析时不要试图引入太多的自变量，因为用简单的方法可以勾勒出大致的关系，能够反映概貌，而用简单的方法详解复杂的经济现象，就会出现"东施效颦"的效果，就会出现人们常说的模型存在内生性问题（endogeneity issue），主要指模型中的解释变量有内生性，即模型中的一个或多个解释变量与误差项存在相关关系。从理论上讲，做复杂经济学分析则期望引入尽可能多的变量，譬如，数十个、数百个甚至数千个、数万个变量不等，同时需要厘清变量间的相关关系并用数学表达出来，以复杂的方法诠释复杂的经济现象。需要说明的是，无论做标准经济学分析，抑或是复杂经济学分析，有时不一定是模型本身的问题，可能是数据的质量有问题，或者是引入的自变量不合适，或者是自变量之间的关系没有数学表达到位；而在实践中，核心自变量一般不宜过多，通常仅 1 个而已，主要担心多个核心自变量会混淆或扰乱其与因变量的主次关系，以及它们相互间关系难以用数学精确地表达到位。

——中介变量与调节变量

所谓中介变量（Mediating Factor，或简称 Mediator），就是指核心自变量对因变量发挥作用，需要经由中介变量传导。如图 6-2 所示。

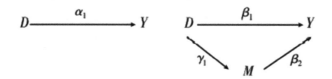

图 6-2 中介变量作用示意

具体数学表达是：

$$Y = \alpha_0 + \alpha_1 D + \varepsilon_{Y_1} \tag{6.1}$$

公式 6.1 中的 D 是核心自变量，且不涉及中介变量。

$$Y = \beta_0 + \beta_1 D + \beta_2 M + \varepsilon_{Y_2} \tag{6.2}$$

公式 6.2 中的 M 指中介变量。中介变量也是自变量。

$$M = \gamma_0 + \gamma_1 D + \varepsilon_M \tag{6.3}$$

公式 6.3 是指核心自变量如何作用于中介变量。表明核心自变量通过作用于中介变量而发挥作用，此阶段此过程中"中介变量" M 被视为"因变量"。

$$\alpha_1 = \beta_1 + \beta_2 \gamma_1 \tag{6.4}$$

公式 6.4 中的 α_1 为 D 对 Y 的总效应，β_1 为 D 对 Y 的直接效应，β_2、γ_1 为 D 对 Y 且经由 M 中介产生的间接效应。Baron 和 Kenny（1986）指出，中介效应的存在需要满足四个条件：α_1 不为零（表明 D 对 Y 之间有因果关系）；γ_1 不为零（表明 D 和 M 之间也有因果关系）；β_2 不为零（表明 M 和 Y 之间也存在因果关系）；β_1 可为零，或其绝对值至少小于 α_1（前者表示自变量 D 的作用均通过中介变量 M 实现；后者表示 D 的作用不完全通过 M 实现、由此推导得知有中介变量 M 而作用的 D 的作用 Y 程度必然低于无中介变量 M 作用的 D 的作用 Y 程度）。如果实证结果和这一原理有出入，就需要考虑中介变量的选择是否妥当了。公式 6.2 和公式 6.4 是核心公式，前者反映诸变量之间的关系，后者反映核心自变量的直接效应和核心自变量经由中介变量产生的间接效应。

　　所谓调节变量，是指核心自变量对因变量的影响强度会因个体特征或环境条件而异，表达这种特征或条件的变量被称之为调节变量（Moderating Factor，或简称 Moderator）。调节变量也是自变量，是不同于中介变量的自变量，它仅仅是核心自变量的附庸者，起到调节核心自变量之作用。如图 6-3 所示，调节变量影响因变量和核心自变量之间关系的方向（正或负）和强弱。交互项模型是对调节效应进行建模的主要方式。

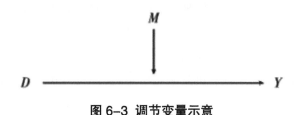

图 6-3　调节变量示意

　　标准经济学分析在大多数时候，一项因果推断研究往往只关注少数甚至是一个核心自变量。其数学表述如下：

$$Y = \beta_0 + \beta_1 D + \beta_2 M + \beta_3 M \times D + \varepsilon \tag{6.5}$$

公式 6.5 中的 D 为核心自变量，M 为调节变量。

$$\frac{\partial E(Y \mid)}{\partial D} = \beta_1 + \beta_3 M \tag{6.6}$$

　　公式 6.6 对 D 求偏导，表明除了影响系数 β_1 之外，尚受到 M 一定程度的影响。$\beta_3 > 0$，表明 M 产生 D 对 Y 的正面影响，反则反之。在做调节效应分析时，有不少学者考虑将自变量和调节变量做中心化变换，即变量减去其均值，以求变量数值的稳定性。

　　举例说明中介变量。货币政策的最终目标通常是：稳定物价、充分就业、经济增长和国际收支平衡；货币政策的中介目标通常包括：市场利率、货币供应量、信贷规模和汇率；中介目标变量就是中介变量。举例说明，在假设"基层员工"和"大领导"没有接触或很少接触的前提下，"上行下效"中的"大领导"下的"小领导"就是中介变量，"'大领导'（高层）以身作则，影响了'小领导'（中层），进而影响了员工（基层）。"

　　举例说明调节变量。"人的体质"是"冬天气温"和"穿衣服数量"

关系间的调节变量，体质好的人、冬天可以添加衣服少，体质差的人、冬天需要添加衣服多，"人的体质"影响"'冬天气温'（自变量）与'穿衣服数量'（因变量）"的关系。此时如果把"人的体质"视为中介变量，就比较牵强，难以解释。

——控制变量

控制变量是源于物理学的概念，指在科学实验中，将自变量以外一切能引起因变量变化的变量控制好，就可以弄清实验中的因果关系。控制变量其实也是自变量，但是一类特殊的自变量。公司金融研究中，常见的控制变量有：公司规模、所处行业、股权性质、所处地区、成立时间等。

从单一自变量到多个自变量反映经济学分析方法从简单到复杂。中介变量、调节变量、控制变量之间的界限有时显模糊。但以上并不能代表复杂性经济分析方法。下以经济控制论模型，简要举例说明一点点复杂性经济分析方法。

描述经济系统特性的数学表达式称之为经济数学模型。若经济数学模型是以状态空间模型出现的，则可称之为经济控制论模型。在线性经济控制论模型中，常见的一种实现方式是观察器典范实现。以离散时间的简单例子来介绍和应用这种实现方式。

设经济系统的输入 – 输出模型为：

$$y(k) + a_1 y(k-1) + a_2 y(k-2) + a_3 y(k-3) \tag{6.7}$$
$$= b_0 u(k) + b_1 u(k-1) + b_2 u(k-2) + b_3 u(k-3)$$

设状态向量为 $x = [x_1, x_2, x_3]^T$，则模型的观察器典型实现为：

$$x(k+1) = \begin{bmatrix} -a_1, 1, 0 \\ -a_2, 0, 1 \\ -a_3, 0, 0 \end{bmatrix} x(k) + \begin{bmatrix} b_1 \\ b_2 \\ b_3 \end{bmatrix} u(k) \tag{6.8}$$

$$y(k) = [1, 0, 0] x(k) + b_0 u(k) \tag{6.9}$$

将数学模型 6.7、6.8、6.9 应用到扩大再生产的状态空间模型。扩大再生产是由新增生产能力所形成的，其数学表达式为：

$$y(k+1) = y(k) + z(k) \tag{6.10}$$

变量 y 等于产出，$y(k)$ 体现简单再生产，$z(k)$ 体现扩大再生产。$z(k)$ 是逐年投资形成的，设所投行业的建设周期为 s，则 $z(k)$ 可以表达为：

$$z(k) = b_0(k)u(k) + b_1(k)u(k-1) + ... + b_s(k)u(k-s) \tag{6.11}$$

其中 $u(k-i)(i=0, 1, \cdots, s)$，表示第 $(k-i)$ 年开始投资上马项目的总新增能力，$b_j(k)(j=0, 1, \cdots, s)$ 是第 $(k-j)$ 年上马的项目在第 k 年形成的生产能力占总新增能力的比重。

假设该经济系统的投资项目均为同一类型，且具有同一模式，则新增能力比重仅与 j 有关，而与 k 无关，可用 b_j 表示，即成为定常系数模型。再生产模型如公式 6.12：

$$y(k+1) = y(k) + b_0 u(k) + b_1 u(k-1) + ... + b_s u(k-s) \tag{6.12}$$

由观察器实现方式可得其状态空间模型为：

$$x(k+1) = \begin{bmatrix} 1,1,0 \\ 0,0,1 \\ \cdot,\cdot,\cdot \\ \cdot,\cdot,\cdot \\ \cdot,\cdot,\cdot \\ 0,0,0 \end{bmatrix} x(k) + \begin{bmatrix} b_1 \\ \cdot \\ \cdot \\ \cdot \\ \cdot \\ b_s \end{bmatrix} u(k) \tag{6.13}$$

$$y(k) = [1, 0, ..., 0] x(k) + b_0 u(k) \tag{6.14}$$

6.2.4 寻找合适的统计分布来假设检验和预测

统计分布有两大主要作用：一是检验样本的代表性，二是模拟和预测未来。通过分析样本数据的分布特征，判断抽样的代表性，如果样本数据符合预期的分布特征，那可以判断抽样是有效的。通过模拟数据的分布特征，预演业务场景或预测，以评估潜在的风险和机会。标准经济学通常假设，不同的主体具有相似的特征，故常以均值来预测未来；这是个模糊的方法，不够科学和准确，复杂经济学强调不同主体的个性特征，但有时受观察数据的制约，也采用这种模糊方法。在回归分析中，标准经济学通常也假设残差服从正态分布，其主要原因包括便于参数效率，因为在假设其正态分布下最小二乘估计（OLS）是最佳的线性无偏估计，便于推断、解释、预测，便于使用基于正态分布假设而设计的统计软件，确有削足适履之嫌。如果不假设服从正态分布，标准经济学的相关研究可能就难以推进，然而，这也正是复杂经济学需要完成但也不容易甚至难以完成抑或无法完成的任务。

标准经济学常假设研究的主体的连续数据的分布是服从正态分布甚至标准正态分布，而且有人不假思索就直接应用正态分布。正态分布被法国数学家棣莫弗（1733）发现后，对人类的贡献功莫大焉。现实世界中诸多现象服从正态分布和标准正态分布，或是小概率，所以导致预测结果与现实严重不吻合。例如，考生的成绩和灯泡的使用寿命是呈现为正态或近似正态分布的典型案例，因为考生极端的好成绩、坏成绩和灯泡极端的长寿命、短寿命都是少数，符合中心极限定理；而对企业销售数据的预测和对城市房价的预测就不会服从正态分布，因为分别影响这两者的因素较多，无法适用正态或近似分布。事实上，就连续数据的分布来看，除了正态分布外，还有均匀分布（如中奖的概率）、t 分布（正态分布的变种）、X^2 分布（正态分布的变种）、F 分布（正态分布的变种）和指数分布等。所以，在做这类经济计量样本检验和预测研究时，要寻找合适的分布，防止跌入错误的泥潭。以正态分布和 Z 检验、卡方分布与卡方检验为例，解释的经济现象属于简单的经济现象，譬如仅检验原假设（零假设）是否成立，其背后蕴藏的复杂经济现象则较少提及。

以正态分布与 Z 检验为例。假设样本服从标准正态分布的前提下，构建了一个 Z 统计量，并用以检验数学期望的显著性，是否在一定概率范围内显著接受 Z 检验。统计量又称统计数，是指不含未知参数、可以计算的样本函数。

$$Z = \frac{\bar{X} - \mu}{\sigma / \sqrt{n}} \tag{6.15}$$

其中，$\bar{X}$ 是平均数，μ 为均值，σ 为标准差，n 为样本数。举例说明，当总体均值已知时，通过计算样本均值与总体均值的差异，利用标准正态分布表来检验这个差异是否显著。计算的 Z 值，如果大于给定的显著性水平下的临界值，则拒绝原假设（H_0），认为样本均值与总体均值存在显著差异。当总体均值未知时，通过计算样本均值与样本中位数（或某个假设值）的差异，利用标准正态分布表来检验这个差异是否显著。如果计算出的 Z 值大于给定的显著性水平下的临界值，则拒绝原假设（H_0），认为样本均值与假设值之间存在显著差异。

以卡方分布与卡方检验为例。卡方分布首先是变量（x）基于标准正态分布，然后变量的平方（x^2）之和服从自由度为 k 的卡方分布。记为：

$X\sim(x^2)$，其统计量为：

$$x^2 = \sum_{i=1}^{k} \frac{(x_i - T_i)^2}{T_i} \tag{6.16}$$

其中，T 代表零假设值，i 代表样本数。此统计量用以检测零假设（原假设）在服从自由度（$n\text{-}k$）为某数值的前提下，是否在一定概率范围内显著接受卡方检验。自由度指式子中保持的 n 个随机变量，减去 k 个的样本统计量。以一串数值为例，数值的平均数就是样本统计量，所以此时的自由度为：$n\text{-}1$。卡方分布是用来检验的，检验变量（x）的平方之和是否服从卡方分布。卡方分布用于检验的类型包括：拟合优度检验，检验一组数据，比如投骰子每次出现一面的次数可能，是否在可接受的范围内通过卡方检验；独立性检验，通过收集数据，整理为列联表，检验两个分类变量是否独立，比如，男生女生对颜色的喜好是否在可以接受的范围内服从卡方检验。

6.2.5 更多考虑非线性而不是线性

线性的实质是对于现实世界的理想简化，但也能揭示一些规律。然而，现实世界中必须考虑诸多干扰因素，复杂经济学则偏爱和忠实于非线性科学，更多考虑经济系统中的非线性现象，因而更受到人们青睐。

无论是线性还是非线性，最终都要体现在数学表达方式上。用数学来处理非线性问题，通常有以下几类算法：一是求准确解。即试图运用各种技巧，如利用对称性或一些巧妙的变换来求得问题的准确解。然而，试图求出非线性问题的准确解是比较困难的事情。二是求解析解。解析解是一种封闭形式的解，可以通过已知的数学理论和公式直接计算得出，通常以函数的形式表示，给出自变量对应的因变量值。解析解也是准确解。三是求近似解。例如，对二维的理想流体的定常运动，即假设是完全不可压缩又无黏性的流体、运动参数不随时间而改变的运动，做出无旋的假定后，即整个流场中处处涡量为零时，可以通过引进势函数（功效函数），再利用复变函数即包含复数（包含实数和虚数）作为自变量和因变量的函数，就可能会求出近似解。或利用四阶龙格－库塔法，这是一种常用的数值方法，用于求解常微分方程的近似解。这种方法基于泰勒级数展开，通过构造高阶多项式来逼近解函数，从而在每个时间步长内提供更可能的精确解。四阶龙格—库塔法通过四个步骤来更新函数值，每个步骤都基于不同的近似值，这些近似值通过函数及其导数的不同组合来计算。这里的假设和标准经济学相似，试图在理想化假设的基础上再求解，但实际上只有少数的非线性问题能够求得准确解。准确解完成不了，能够提供近似解也是不错和无奈的选择。四是用于定性分析。对某些复杂问题，如空气动力学中的黏性流问题，有关的偏微分方程除特殊情况外很难求出准确解，但可对解作定性分析。19 世纪后期，法国数学家庞加莱创立的常微分方程定性理论，即在常微分方程不求出解的情况下研究解的分布和性态，对常微分方程所确定的解的总体的大范围性态作出判断。这种常微分方程定性理论也同样适用于偏微分方程。

此外，近年来，非参数建模理论得到了飞快的发展。与传统建模理论相比，非参数建模不要求建立精确的数学模型，例如近年来发展迅速的人工神经网络理论。人工神经网络是由大量简单的处理单元（神经元）按照某种方式连接而成的自适应的非线性系统。它没有运算器、存储器、控制器，其信息是存储在神经元之间的联结上的。鉴于神经网络的并行处理及非线性映射能力，对于未知的动力系统，可以通过它来学习混沌时间序列，然后进行预测和控制。由于混沌时间序列在内部有着确定的规律性，表现为时间序列数据在时间延迟状态空间中的相关性，这种特性使得系统似乎有着某种记忆能力，同时又难于用通常的解析方法把这种规律表达出来，而这种信息处理方式正是神经网络所具备的。因而，神经网络模型有了较好的应用场景和发展前景，包括：误差逆向传播神经网络模型（BP 神经网络模型）、径向基神经网络模型（RBF 神经网络模型）和将非线性系统的体系结构考虑在内的混沌神经网络模型等。

6.2.6 更多考虑多均衡而不是单一均衡

复杂经济学注重的是，从单一均衡到多个均衡甚至非均衡。复杂经济学认为，单一均衡是片面的，不全面的，甚至是自私的，主张兼顾他人和环境，寻求利己和利他的多均衡，甚至是集体效用最优化或较优化的非均衡。

复杂经济学强调，从个人主义到集体主义。所谓的个人主义，即个人代表者模型和单体问题，观察的线性趋势和线性随机过程中的噪音表象属于简单的理想化的经济现象。而集体主义，即群体模型、多峰分布、多体问题，观察到的是非线性趋势和时间频率的测不准关系、高斯小波、迦柏空间等才是纷繁复杂的现实世界中的真相。例如，复杂的经济动力学甚至是不可积系统，需要非稳态非参数的复杂经济科学支撑。复杂的经济系统最终形式，可能是收敛于均衡，也可能是稳定的周期振荡，或是混沌但有界的结局。

6.2.7 更多考虑动态均衡而非静态均衡

复杂经济学认为，经济系统是运动发展的，而非静止的。所以，对经济系统均衡的追求，强调是动态的均衡，而非静态的均衡。静态的均衡是理想化的简单的均衡，是一时的均衡，是不会长久的。无数的静态均衡，构成多样化多维度多视角的动态均衡，才是现实世界发展需要追求的真谛。

在复杂经济学看来，或许一个均衡的、确定的经济系统是没有太多必要研究的，只有经济系统中出现大量不确定性、非均衡态、混沌现象时，系统内隐含的许多性态才会显现出来，此时此刻系统所呈现出的经济现象才具有研究价值。

6.2.8 更多考虑经济系统的时间不可逆、历史数据"噪声"和不确定性

尽管许多人认为，"现实是历史的重演"，然而，滚滚向前的经济系统的时间是不可逆的，过去经济系统经历的经验与教训，可供当下借鉴与参考，但不可完全复制于当下。线性分析预测和牛顿近似法是一种历史决定论的工具。

经济系统和人体系统一样，都是基于时间不可逆的，而且由于经济系统的历史数据的缺失，以及更为严重的包括人为因素造成的历史数据"噪声"，导致经济系统具有较多的不确定性和较多的意外发生。所以，人们常常感叹，预测未来的经济系统变化，甚至不如预测未来的天气变化。曾有人研究认为，经济周期波动呈"泊松分布"，而非"正态分布"，而我对此表示怀疑，我认为，经济周期波动存在较多的不确定性。

6.2.9 更多考虑市场主体的"有限理性"

市场主体是多种多样的，但归根结底还是由人来主导。既然由人来主导，就存在"有限理性"。人的禀赋是不一样的，所掌握的知识技能和各

自所处的环境也不一样，故而对经济的判断和决策是不一样的。譬如，对股市的判断就会因人而异，不同的人对同一种股票在同一个时间段，有人认为会涨有人认为会跌，所以就会导致在同一时间有人会买这只股票也有人会卖这只股票，从而支撑股市的存在。如果像标准经济学所假设的"理性人"那样，认为股票上涨均去购买股票，认为股票下跌均去抛售股票，那么股市还存在么？

复杂经济学强调，市场主体的"有限理性"。即便如此，市场主体也有"犯浑"的时候，譬如，发生明显的不应该有的操作失误。复杂经济学强调市场主体的复杂性，市场主体会出现意想不到的情形，正如同混沌系统中会出现不平凡的奇异吸引子那样。

6.2.10 更多考虑经济系统的整体性而非个体加和

复杂经济学认为，不同的经济系统由系统内的不同个体构成和个体间相互作用所决定。而个体行为并非孤立存在，整体内的每一个个体在运动的同时都受到整体规律的约束。整体规律也受到来自个体的影响和作用。整体规律在整体内赋予每一个个体的属性要远比这些个体在整体之外单独获得的属性大或小。

复杂经济学强调，整体不同于一个简单的集合体，个体在整体中表现出的特征不可能独立地存在于整体之外。在整体主义方法论的主导下，复杂经济学在经济增长、经济波动、汇率浮动等领域对标准经济学展开了颠覆性批判，认为经济波动可能源于经济系统的内生机制而非随机震荡、非均衡是经济系统的常态、杂乱无章的经济现象背后隐藏着良好的结构而非随机状态等一系列在传统方法论下所无法得到的、可能更符合现实的结果。

6.2.11 更加注重开放环境的作用与反作用

复杂经济学认为，经济系统是开放的而不是封闭的，故特别强调环境对经济系统的作用与反作用。一方面，经济系统中本身就有内在环境，内在环境属于该经济系统的组成，影响内在的各个体。另一方面，经济系统也置于外部大环境之中，受到来自外部环境的作用与反作用，不断和外部环境"耗散"，影响经济系统中的"熵"值。

复杂经济学进一步认为，经济活动的空间结构是有限的，在模型结构中也常使用上下限和极大值的约束，如"逻辑斯谛方程"和"庞加莱映像"中均具有明显的空间约束特征。同时，经济系统受到的内外部环境影响是全方位的，包括来自经济内容之外的包括政治、军事、天文、地理、自然界等诸多的影响。

6.2.12 更加主张以唯物主义态度去积极探索和控制管理经济系统的世界

复杂经济学认为，人类对世界经济系统的认识有的成为已知，但还存在更多的未知。而且，随着人类文明的进步，人们对世界经济系统的已知会越来越多，对未知的那部分或会越来越少，也或会越来越多。未知部分或会越来越多的原因在于，人们已知部分越多，人们探索世界经济系统的未知部分的总量可能在不断扩大。无论何种情形，复杂经济学更加主张人们持有唯物主义的态度，以"自然而然""天人合一"的开放思想去积极探索未知的经济系统中的"道"。通过积极探索的同时，最终能够做到进一步控制管理经济系统中"熵"的目的。

控制管理混沌经济的两个着力点。一是有效地抑制经济混沌行为本身。通过合适的策略、方法及途径，使李雅普诺夫指数下降进而消除经济系统中的混沌。二是选择具有期望行为的轨道作为控制目标。一般情况下，在混沌吸引子中不稳定的周期轨道常被选为控制目标，其目的就是将经济系统的混沌运动轨迹转换到期望的周期轨道上。

控制管理混沌经济的两条路径。控制管理混沌经济，需要找到合适的高效率路径，实行反馈控制和非反馈控制，以求得混沌经济动力学系统的稳定解。从反馈控制管理的路径看，主要是针对混沌经济系统的本质特征，如通过减弱对于初始点的敏感依赖性，来稳定已经存在于经济系统中的不稳定轨道。反馈控制的优点在于不改变被控经济系统的结构，具有良好的轨道跟踪能力和稳定性；缺点在于要求比较精确的数学模型和输入目标函数或轨道，在只存在观测数据而没有数学方程时不能直接使用。从非反馈控制管理的路径看，非反馈控制管理主要利用小的外部扰动，如小的驱动信号、噪声信号、常量偏置或系统参数的弱调制来控制混沌系统。该控制方式的设计和使用简单，但无法确保混沌经济系统控制过程的稳定性。

关键词

无知论 不可知论 怀疑论 可知论 "自然而然" "天人合一"
"实践论" "矛盾论" "道" "熵" 统计分布 假设检验
准确解 解析解 近似解 四阶龙格－库塔法 非参数建模理论
多均衡 非均衡 动态均衡 数据"噪声" 牛顿近似法 "有限理性"
"逻辑斯谛方程" "庞加莱映像" 混沌经济系统
李雅普诺夫指数 周期轨道 目标函数 常量偏置 反馈控制
非反馈控制

第7章 复杂性科学在经济系统不同领域中的应用场景

　　在前面几章阐释了复杂经济学的历史经纬、演变进程、内涵外延、理论体系与方法论等基础上，本章进一步理论联系实际，探究复杂性科学在经济系统不同领域中的应用场景。复杂经济学广泛接纳各学科之长，包括标准经济学，强调交叉学科融合研究，来发现、分析和解决复杂的经济问题。本章以二十个具体案例，从不同的理论、技术、方法和不同的维度、视角、层面，程度不等地体现复杂性科学的博大精深，佐证复杂经济学涉猎广泛的学科知识和具有深厚的应用价值。

7.1 神经科学助力经济决策

　　神经科学及其方法。神经科学是研究神经系统结构、功能、发育和变化等方面的学科，主要研究神经元和神经回路之间的相互作用，以及神经系统对行为和认知等方面的影响。神经系统包括中枢神经系统和周围神经系统。神经元是神经系统中最基本的单元，负责传递神经信号。神经信号是一种电化学信号，通过神经元的突触传递。神经回路是由多个神经元组成的网络，它们相互连接并共同协作来实现特定的功能。脑成像技术中的功能性磁共振成像（fMRI）和脑电图（EEG）等，可以帮助研究人员了解涉及不同脑区的活动和相互作用。朱琪、陈乐优（2007）在神经科学和认知科学基础上，探讨了前沿的神经经济学和神经管理学。神经科学和认知科学蕴含复杂性科学，而神经经济学和神经管理学属于复杂经济学的广义范畴。

　　神经科学助力经济决策。通过理解人类决策行为的神经基础，来改进复杂经济理论和模型。其一，在奖赏和惩罚机制方面，神经科学研究发现，人类大脑中有一个奖赏和惩罚机制，它可以影响人类决策和行为。这个机制可以用来解释为什么人们偏好某些选择，以及为什么人们会冒险或回避风险。其二，在反应时间方面，神经科学研究表明，人类决策过程中的反应时间可以反映出决策的不同类型。短反应时间可能基于本能或直觉的决

策,而长反应时间可能基于理性分析的决策。其三,在决策风格方面,神经科学研究发现,人类有不同的决策风格,譬如情感型和理性型。这些决策风格可以通过测量脑活动来确定。将上述决策风格考虑在内,能够更好地解释人类经济行为,建立更准确地经济决策模型。

7.2 自组织现象解释了企业协同创新方式

自组织现象从属于复杂性科学。自组织现象是指在没有中央控制的情况下,系统内部个体之间相互作用和反馈机制导致整个系统呈现出协同和自我组织的现象。自组织是系统内部自我调节的结果,这一"神奇"现象,属于复杂性科学研究范畴。

自组织现象应用于企业协同创新。开放式创新模式是一种典型的自组织现象,它通过创新主体之间的互动和反馈,实现了创新的快速发展和成功应用。企业在创新过程中,创新个体之间的相互作用和协同效应可以促进企业的创新能力和创新效率。自组织现象在一定程度上是无为思想的体现,无为有时就是最大的有为。政府给企业松绑,不要过多管制企业,让企业自由发挥,这种貌似简单的管理方式,其实蕴含着高深的管理艺术。开放式创新模式这种自组织现象,是企业创新的自觉行为,有利于提升企业协同创新效率,增进企业科技进步。

7.3 复杂网络链接着市场供求关系

复杂网络研究的起源。1736年,瑞典籍数学家欧拉(1707—1783)发表《哥尼斯堡的七座桥》论文,可视为对于复杂网络研究的开始端。如图7—1所示,欧拉在文中将陆地作为节点,桥梁作为节点与节点相连接的边,构建成网络,对"七桥问题"进行分析,得出了不能一次不重复而走遍七座桥的结论。1998年,康奈尔大学博士生华兹(Watts)和导师斯特罗迦茨(Strogatz),在《自然》杂志上发表了题为《"小世界"网络的集体动力学》(Collective dynamics of 'small-world' networks)的论文,标志着小世界网络模型的建立，把复杂网络研究引向深入。小世界网络模型又被命名为 Watts–Strogatz 模型（W–S 模型）。在这之后，复杂网络在经济领域的研究与运用随之涌现。

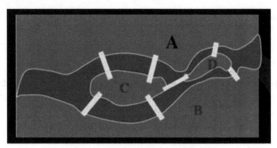

图 7-1 哥尼斯堡七桥问题

复杂网络在市场供求关系中应用。复杂网络属于典型的复杂性科学。在小世界网络中，你认知中相距你很远的人，实际上离你非常之近，而你和这世界上任何一个人之间，有人曾"妄断"，最多通过 6 个人就能够互相搭上关系。民间也有戏言，"找 6 个人的关系就能找到联合国秘书长"就是"小世界网络"在现实世界中的应用。以市场中的供求关系为例，首先将这种供求关系简单地视为一个三元组，也就是买方集合、卖方集合和可能的交易集合，其中买方为需求方，卖方为供给方。从网络上的买方看，买方可以和多个卖方进行交易，且每个交易都相互独立，因此，一个买方是可以与每个直接相连的卖者进行交易，在小世界网络中是有可能的线路将其相连。从网络上的卖方来看，卖方需要理性决策，通过控制成本等方式，尽可能实现自身利益最大化，在多边中与买方建立交易关系。考虑到买卖双方均存在竞争关系，只有买方或者卖方之间存在相同的第三方，也就是进行直接竞争时，将出现可能的交易集合，竞争者之间才有可能的线路将其相连，体现为"小世界网络"。更通俗地讲，若将小世界网络中的一个点代表一个人，而连结线则代表人与人认识，那么小世界网络里的陌生人之间（如 A 和 B）可以由彼此共同认识的那个人（如 C）而连结。这种"小世界网络"最终导致买卖双方的价格趋于透明，市场价格趋于均衡。

7.4 人工智能技术帮助企业进行非确定型财务决策

人工智能技术助力企业在不确定性环境中应对财务风险。人工智能在财务风险评估中的应用，为企业提供了更精准、全面和及时的风险评估、分析和决策支持。通过利用大数据分析、机器学习和模式识别等技术，人工智能能够帮助企业在不确定性环境中更好地应对财务风险。人工智能技术可以通过对历史数据的学习和预测，构建出预测和优化模型，帮助企业制定更准确和有效的决策。

人工智能技术对复杂经济系统稳定性的影响具有两面性。虽然人工智能技术可以提高经济效率和市场监管，但也可能增加系统风险和复杂度，从而影响经济系统的稳定性。如果机器学习算法对数据中存在的误导性信息过于敏感，可能会导致不良决策的产生，从而影响整个经济系统的稳定性。深度学习算法可以处理大量的经济数据，但是这些数据可能包含大量的噪音和非线性特征，这可能会导致算法结果的不稳定性和可靠性的下降。解决方案包括：开发更为精准和更加鲁棒的数据清洗和预处理技术，增加数据的多样性和覆盖度；加强数据加密和数据脱敏技术，执行更为严格的数据保护和隐私保护制度；开发更为透明和可解释的人工智能算法和模型，提高其可解释性和可控性。

7.5 统计物理学方法有助于金融市场研究

统计物理学方法有助于复杂经济系统研究。统计物理学，又称统计力学，是理论物理学的分支，是用概率统计的方法，对由大量粒子组成的宏观物体的物理性质及宏观规律作出的微观解释。统计物理学方法适用于复杂性研究。例如气体、液体、固体、磁体等，这些系统常表现出来的复杂的行为，难以通过传统物理学或统计学方法进行研究，而两个学科的交叉研究能够缓解这一困难。

统计物理学方法在金融市场研究中应用。统计物理学通常被用于描述和模拟微观粒子的运动、能量传递和相互作用等过程。例如，布朗运动是一种连续时间的随机过程，它被广泛应用于描述微观颗粒在液体或气体中的散乱过程。而金融市场中也涉及大量的随机变化，例如股票价格、利率、汇率等，这些随机变化可能也服从布朗运动。金融界人士常以此来构建模型。这种模型通常假设未来的价格变动与过去的价格变动无关，且每一步的变动幅度服从某种概率分布，通常假设服从正态分布，并以此进行数理推断和预测。

7.6 异质性预期导致复杂经济系统的熵增加

预期理论得到经济学人认可。预期，这一重要的、贴合复杂经济现实的因素，直到 1926 年才被引入经济学。1926 年，英国经济学家、剑桥学派代表人物庇古（1877—1959）在《产业波动》一书中写道，"……商人们不断变化的预期……而不是任何其它事情，才是构成产业波动的首要而直接原因和先驱"。考虑到现实经济市场中每一个经济主体的差异性，美国经济学家、1990 年诺贝尔经济学奖得主默顿·米勒（1923—2000）也曾提出"异质信念"这一名词，来解释证券市场中的资产定价问题。

异质性预期导致复杂经济系统的熵增加。正如英国文艺复兴时期剧作家、诗人莎士比亚（1564—1616）《哈姆雷特》所云，"一千个读者眼中就会有一千个哈姆雷特"（There are a thousand Hamlets in a thousand people's eyes），对同一个事物的看法，具体到每个人也会有所不同。将预期引入经济学，建立预期理论，是心理学和经济学的交叉，可将其具体归类于行为金融学或行为经济学。熵增定律和异质性预期之间存在着密切的关系，异质性预期导致复杂经济系统的熵增加。首先，熵增定律意味着系统会不断地向着更高的混沌状态发展，意味着经济市场上出现的信息会越来越复杂、难以预测。这就导致了市场参与者之间的预期会存在较大的差异，使得预期的异质性进一步增加。其次，异质性预期影响市场的稳定性，让经济市场的"熵"进一步扩大。当市场参与者对未来发展的预期存在较大的差异时，市场价格的波动也会变得更加剧烈。这就意味着市场可能会更加不稳定，从而加剧了市场的风险和混乱程度，使得经济体系的"熵"进一步增加。由此，可以理解，一定程度上，人们被"统一思想"、稳定预期，或能助力经济稳定。

7.7 以生物学思维评析某媒体开拓电商业务

某媒体开拓电商业务板块。2011 年，某媒体涉足电商领域，成为国内首家由新闻媒体创立的电商平台。2016 年，该媒体旗下的地方媒体与淘宝达成合作，成为淘宝首个以地方媒体身份开设店铺的合作伙伴。2018 年，该媒体在北京成立电商公司，雄心勃勃拓展电商业务。这后来，该媒体的电商业务转型至 App，电商业务在缩减，似乎在回归媒体主流业务。这里不去讨论该媒体的电商业务的发展如何，而且讨论其作为一支新生力量进军电商市场的复杂性。

从生物学的角度分析某媒体拓展电商业务。借鉴生态学和进化论的思想，分析某媒体的电商业务在这个生态环境中的适应性和进化过程。①适应性分析。生物在不同环境下需要适应环境，以获得更多的资源和生存空间。同样，企业在市场环境中也需要适应环境，以获得更多的机会和利润。作为一家传统媒体机构，进入电商领域是其在适应新的市场环境下的一种尝试。通过适应环境，可以扩大其市场份额，提高收益，保持竞争优势。"适者生存"，该媒体适应了电商市场么？②进化论分析。在生物进化过程中，优势基因会得以传递和保存，从而使生物逐步进化。同样，企业在市场竞争中也需要不断进化，以适应市场变化和顾客需求的变化。该媒体拓展电商业务是其在适应市场变化的过程中不断进化的体现，通过不断试错，了解市场需求和顾客需求，调整业务模式和战略，以提高市场竞争力和业务效益。该媒体传承了哪些优秀基因，适用于电商领域？③生态平衡分析。在自然界中，生物种群之间存在着相互作用和平衡。同样，在市场竞争中，企业之间也存在相互作用和平衡。该媒体进入电商领域，必须适应市场竞争的生态环境，了解市场规则和竞争格局，与其他电商企业保持协调和平衡，以实现自身和整个行业的可持续发展。该媒体是否做到了这一点？

7.8 基于牛顿引力定律引申的贸易引力模型

贸易引力模型源于物理学的思想。物理学研究的重点是在于揭示物体的内在机制及其相互作用，研究的对象非常宽泛，涉及宇观、宏观、微观等。

物理学也一直在探索宇宙的奥秘，它试图以其独特的方式揭示宇宙的本源，以及宇宙如何在不断演化的轨迹。贸易引力模型，或称贸易引力方程源于物理学，其基本原则是：两个国家的商品交换额越大，两者的经济差异就越小，而两者的边界越远，两者的商品交换额就越小。贸易引力模型的思想源于物理学。根据万有引力定理，两个恒星的引力是由其相互作用力决定的，其强度随着两者的相对位置的增加，呈现出一种负相关的关系，这一现象被称为引力定律。

对传统贸易引力模型的补充。传统贸易引力模型主要受两国的贸易流动规模、人口和地理距离的影响。进出口两国的经济规模和人口总量分别反映国际贸易中潜在的需求能力和供给能力，两种能力的大小正面影响着两国潜在贸易的规模，而距离的远近则通过影响运输成本而成为两国贸易的阻碍因素。张志维（2008）基于物理经济学对国际贸易动阻力进行了研究。他认为，影响国际贸易产生的动力为单位成本产量、有效边际效用，阻力为交易费用。基于这三大因素，构建了国际贸易动阻力模型，核心内容是：两国进出口商关于某产品的贸易吸引力与生产者的单位成本产量、消费者的有效边际效用成正比，与交易费用成反比。进一步表述：在其他条件不变的情况下，生产者的单位成本产量越大（生产代价越小），该产品的贸易引力越强，即为"成本优势"的力量。同样，在其他条件不变的情况下，消费者的有效边际效用越高，该产品的贸易引力越强即为"需求偏好"的力量。而在其他条件不变的条件下，贸易双方的交易费用越大，该产品的贸易引力越弱，交易费用像是贸易发生时的一种阻力。

7.9 自然语言处理技术促进提升经济系统大数据分析功能

人工智能技术在经济系统领域有用武之地。人工智能技术是指通过模拟人类智能、实现自主决策和学习能力的计算机技术，包括机器学习、深度学习、自然语言处理、计算机视觉、机器人技术等多个方面。这些技术在经济系统中的应用，也是多种多样的，包括 7.4 节内容。

自然语言处理技术促进提升经济系统大数据分析功能。人工智能技术可以通过大数据分析技术，快速、准确地分析这些数据，提取出其中的重要信息，发现其中的规律和趋势。自然语言处理（NLP）是人工智能技术的一个重要分支，它可以帮助分析和理解人类语言。在复杂经济系统中，大量的信息都是以文本形式存在的，如新闻报道、研究论文、市场评论等。自然语言处理技术可以通过对这些文本的分析，提取其中的关键信息，供用户决策。NLP 技术还可以帮助用户构建智能客服和问答系统，以便快速和准确地响应客户问题和需求。

7.10 生态经济学与循环经济系统

循环经济系统具有稳定性。循环经济系统一定程度上是围绕着"减量化""再利用"和"资源化"，寻求绿色企业、绿色技术和绿色环境三要素的协同发展，来达到系统最优。循环经济系统的组合是企业和环境在寻求系统的最大化效率过程中形成的稳定健康的系统。

企业在循环经济系统中的位置。一个企业是否找到了自己最合适的生态位，不仅仅是看企业自身的竞争力提高了多少，还要看企业在产业链和生态链中的地位。企业需要判断，自身的加入是否促进了企业群的共生程度，是否实现了物流、能流和信息流的高效协调运行和单个企业所无法达到的共生效益。

循环经济系统的贡献。循环经济系统的运行，缓解了经济无限发展同生态顶极稳态之间的矛盾。循环经济系统的协调运行，主要通过"加环"增值、"减环"增值和服务增值等，有效地解决价值增值和能量衰减这一矛盾。"加环"增值是在循环经济产业链中增加一个或几个转化效率高的环节，"减环"增值是指减少不必要的环节，以提高生态资源的利用率，使它比原来生产的产品数量更多、品种更优、使用价值也更高，从而产业链发生整体增值。服务增值是指不增加"硬"物质财富，靠"软"的服务来实现价值的增值。循环经济系统通过企业共生、技术和环境的协同发展，提高了系统中物流、能流和信息流的流通效率，实现了系统的熵降，在减少资源使用和能量使用的同时实现了价值的增值，达到企业资产增加、人的身心健康、社会文明进步的三维复合生态繁荣。

生态经济学可以解释循环经济系统。生态经济学是研究人类经济和自然生态系统在时间和空间上的相互依存和共同进化的新兴学科。它通过将经济视为地球大生态系统的部分系统，强调保护天然资本。生态经济学家强调可持续发展，并否定自然资源可以由人造资本来替代。生态经济学的核心思想是，在有限的生态系统中，人类经济的物质规模的扩大是不可持续的，为了确保可持续的规模，在市场之外进行决策是非常重要的。在生态经济学的世界里，供给条件和需求条件并不局限于人类经济的范畴，存在着"地球系统"给予的"物质"。所有的物质投入物，只要追溯其来源，就一定会到达"地球系统"。所有不需要的东西，只要追踪接收方，也一定能找到"地球系统"。如果仅以人类经济范畴的资源开采费用和废弃物处理费用等条件来确定资源价格和废弃物价格，会超出资源再生产和废物吸收等"地球系统"的处理速度。所以，像物质资源价格和废弃物处理价格这样与"地球系统"相关的价格，完全由市场来决定是不合适的，需要考虑超越市场之外的力量。生态系统可以用复原力（resilience）来换取效率，生态系统的弹性即复原力就是经济学界常常理解的经济韧性。基于自然生态系统理论对自然资源资产估值，可以从支持服务、调节服务、供给服务和文化服务四个方面较为系统地进行评估。支持服务指自然生态系统为其他自然生态系统提供支持和维持其生命的基本过程，如养分循环和土壤形成等；调节服务指自然生态系统对环境的调节和控制，如气候调节、水文循环和自然灾害控制等；供给服务指自然生态系统为人类提供物质和能量的服务，如食物、水、木材和药物等；文化服务指自然生态系统为人类提供文化和精神需求的服务，如景观欣赏、休闲娱乐和文化教育等。

7.11 基于主体行为的复杂经济系统建模

ABM 模型被应用到经济学领域。ABM（Agent-Based Modeling）是基于主体（Agent）的建模和模拟的一类技术与方法的总称，主要是研究主体间以及主体与环境间的交互关系的可计算模型。Agent 理论原本是人工智能领域的前沿理论，但是由于它可以仿真模拟复杂性问题，并且具有自主性、社会性、反应性和能动性等特征，Agent 理论受到了不同领域专家的关注，尤其是经济学领域。

基于主体的复杂经济系统建模的基本原理。针对经济的复杂性以及主体行为的异质性、交互性特点，基于 ABM 建模可以根据所研究问题的需求，分别对不同主体，在不同部分、不同层次、不同视角等不同条件变化的不同反应建立相应的行为方程和模型，再将它们连接起来，构建既能反映微观个体特点又能呈现整体涌现关系的一体化模型。这是利用计算机仿真等现代科技手段探索解决复杂问题的重要手段。基于 ABM 的经济计算采用"自下而上"的建模方法，通过人类主体与计算机虚拟主体结合的观察、实验和对外生禀赋的设定，将关键行为特征参数化，深化对微观行为的分析，并与传统的"自上而下"的计量分析方法相结合，建立宏观总量关系与微观行为分析连接的一体化模型，促进现实世界与虚拟世界交互渗透，深入分析人类主体的复杂行为对经济系统的影响。

基于主体的复杂经济系统建模的主要特性。基于主体行为的 ABM 建模就是要将对主体行为的认识反映到模型中，在模型中系统直观地刻画主体行为、主体行为之间以及主体行为与经济现象之间的相互关系。该模型具有两个特性：一是模型系统中要包含众多交互性的主体；二是模型要具有突发性特征，能够动态地分析由主体行为异质性导致的偶然性。在以交互性为主要特点的 ABM 模型基础之上，深化行为分析，解决主体行为内生参数化的问题，从而建立起反映经济复杂性、贴近真实经济社会的模型。

基于主体的复杂经济系统建模的关键环节。基于行为的经济复杂性计算有三个关键环节，即深化行为分析、一体化建模和计算实验模拟。一是基于行为的经济计算最大的特点在于模型通过行为选择的异质性来尽可能地全面突出主体的异质性。传统的经济学研究为了套用模型工具，将社会中的个体同质化，对于外部环境的改变，简单地认为个体都会做出相同的行为选择。虽然这种处理方法满足了一般经济模型的假设前提，但是却严重地偏离了现实，致使经济模型的分析结果难以完全解释经济现象，甚至是在极端经济面前表现出无能为力。对主体的行为特征进行异质化处理是复杂经济学重要特征，经济主体的异质性表现包括主体初始状况的差异、主体行为的差异以及主体学习演化的差异。基于行为实验的建模方法可以赋予主体初始禀赋、分层级、设置演化路径等，在模型中深化显示主体的异质性表现。二是基于行为的建模计算采用人类真实主体与计算虚拟主体相结合的方式。复杂经济学认识到，基于主体行为建模的重要性，探索真实与虚拟相结合的建模方法，可以在真实主体行为基础上，通过模拟仿真技术建立虚拟的计算主体，既可以达到扩大样本容量的目的，又可以提高实验的真实性和有效性。三是基于行为实验建模计算对算法和参数的要求越来越高。基于主体行为的经济计算模型并不完全是采用数学的逻辑进行分析，而是更加注重采用计算机模拟的手段通过不同的智能算法来实现，对算法有很高的要求。同时，对参数进行选取时有严格的要求和可靠的依据，并且参数的数量要适量。这些正是复杂经济学需要解决的问题所在。

7.12 非线性动力学模型广泛应用于经济系统

非线性动力学模型可以解释复杂经济系统现象。非线性动力学模型是描述非线性系统中物体或系统运动的数学模型。它们基于非线性方程来描述系统的演化和变化。非线性动力学模型通常涉及系统中的相互作用、反馈机制和非线性效应。非线性动力学模型可以与人工智能和机器学习方法结合，用于优化算法和模型的训练过程。在经济领域中，非线性动力学模型被广泛应用于研究经济系统中的非线性关系、周期性波动、路径依赖等现象。

非线性动力学模型在经济系统中的具体应用。利用非线性动力模型可进行金融危机的跨国传染机制研究，金融危机的爆发及传导是复杂的，不能仅仅通过线性方法来进行分析，可以通过非线性动力学系统对于两个或多个相互依赖国家的金融危机如何进行传染进行分析。非线性动力学模型还可以用于研究数据隐私和网络安全问题，通过建模模拟数据攻击和防御的动态过程，进而分析网络安全威胁的传播和影响，设计有效的安全策略和防护机制。非线性动力学模型也可以用于研究金融市场价格波动，通过建立动力学模型，分析市场中的非线性关系、反馈机制和周期性行为，并尝试预测价格走势。

7.13 宗教学对控制管理复杂经济系统有启迪

宗教学对控制管理复杂经济系统有启迪。宗教学是专门研究宗教的学科，它涉及宗教的历史、信仰、组织、发展、教义、实践等方面。宗教学强调了一个社会的核心价值和信仰，并根据这些价值和信仰来诠释和解释社会现象，它可以帮助人们理解复杂经济系统中出现的现象，以及其背后的根源和原因。宗教学提供相关的特色价值观和目标，可以帮助人们认识到社会的复杂性，并以有效的方式应对各种复杂的社会问题，从而启迪如何更好地控制复杂经济系统的运行。宗教学提供一种可持续发展的精神激励机制，它可以促进社会的可持续发展，从而为复杂经济系统提供可持续发展的支持。

复杂经济系统受到宗教因素的影响。中东地区的宗教对经济系统有影响，例如，信伊斯兰教的伊朗男士不得穿背心或短裤外出，信犹太教的以色列人严禁食用血（"生命的液体"），故信徒们的衣着、饮食的习惯等影响着经济。在英国，教会拥有许多地方性的财产，包括许多老旧的建筑、土地和其他资产，教会也负责管理当地的社会福利项目，例如孤儿院和困难家庭帮扶计划，这些项目也成了当地社会经济发展的重要组成部分，相关的经济管理具有特殊性。

7.14 机器学习在金融资产定价中的应用场景

机器学习技术可以应用于资产定价。机器学习是一门人工智能领域的技术，其目的是让计算机通过分析数据并从中学习，进而能够做出预测和决策。机器学习算法可以从大量数据中进行学习，并通过找到其中的模式、规律和趋势来逐步优化自身的表现，从而提高精确度和效率。机器学习在人工智能、自然语言处理、数据分析和模式识别等领域有广泛应用，并逐渐成了现代科技领域的重要组成部分，可以用于资产定价。传统的定价方法主要指基本面分析、技术分析和事件分析。随着计算机科学的迅速发展，机器学习在海量数据的处理与分析上取得了重要突破，在进行金融资产定价时具有算法效果好、适用性强、易于处理大数据的特点，从而提高预测和决策的准确性。

　　机器学习技术应用于资产定价前景广阔。机器学习技术的应用将不仅仅局限于传统的定价模型，例如 Black-Scholes 模型和随机过程模型。机器学习技术还将呈现不断创新和多样化的趋势，这包括更加强调泛化性能、可解释性和适应性的新型机器学习算法，例如深度学习模型、迁移学习模型和结构化预测模型等。

7.15 测不准原理解释了复杂经济行为的不确定性

　　测不准原理揭示了微观世界的不可预测性和随机性。该原理最早由狄拉克和海森堡在 20 世纪初提出，是量子力学的基本原理之一。该原理指出，在对某个粒子进行测量时，其位置和动量两个物理量不能同时被确定地知道，存在一定的不确定性。具体而言，如果人们精确地测量了粒子的位置，那么其动量将变得不确定；反之，如果人们精确地测量了粒子的动量，那么其位置将变得不确定。这种不确定性限制了人们对粒子状态的完全了解，揭示了微观世界的不可预测性和随机性。

　　测不准原理为研究复杂经济系统中的不确定性和非线性现象提供了理论支撑。测不准原理在宏观经济预测、经济政策制定、经济周期研究和金融市场定价、金融风险管理等方面有广泛的应用场景。

7.16 自动化帮助管理复杂的经济系统

　　自动化管理提高企业供应链效率和效益。假设一家企业生产某种电子产品，需要从多家供应商处采购原材料和零部件，并在生产过程中进行组装和测试。为了提高供应链的效率和效益，该企业引入了供应链管理自动化系统，以实现对供应链的实时监控和调整。在该企业的供应链管理自动化系统中，各个供应商的信息都被整合到一个数据库中。该系统通过对数据库中的信息进行实时监控，及时发现供应链中的瓶颈和问题。例如，当某个供应商无法按时供货时，系统可以自动发送警报并协助人口调整采购计划，以保证生产计划的顺利执行。通过引入供应链管理自动化系统，该企业成功提高了供应链的效率和效益，降低了成本，提高了客户满意度。

自动化技术也给复杂经济管理带来新挑战。自动化技术可以自动化处理和分析数据，帮助更好地理解和分析经济系统的运行机制，建立经济模型，预测经济趋势和变化，提供决策支持等，其在经济系统中具有广阔的应用前景和潜力。同时，自动化技术需要大量的数据支持，数据质量的好坏直接影响到预测结果的准确性和可靠性。而且，自动化技术需要大量的计算资源和算法支持，以及会遇到如何保护信息安全和防范自动化系统出现故障等问题。这些给自动化技术助力复杂经济系统管理带来了新的挑战。

7.17 复杂系统理论指导建筑工程系统建模

建筑工程是开放的复杂系统。建筑工程与系统所处的环境有着广泛的物质、能量与信息的交换。工程环境包括经济市场环境、政治法律环境、社会文化环境、技术环境、行业环境、自然环境等。开放的工程环境对工程系统的复杂行为有着重要的影响。工程组织的开放性表现在工程组织与环境的互动，当工程组织的管理者和主要决策者发现组织的行为已经偏离预期的轨道或组织因不适应多变的环境而发生功能紊乱，会通过替换工程组织中部分的组分来实现组织的变革或改良以提升组织的效能。工程组织的开放性表现在其多元的参建主体彼此之间以及其与隶属单位的互动中，为了实现统一的工程目标，必然要求不同的参与主体之间以及参与主体与其他利益相关者之间进行不断的沟通、协调、合作等互动行动。工程组织保持开放性是工程组织不断更新和发展，不断适应环境变化的必要条件。工程组织远离平衡态并非必然会涌现出有利于提升组织效能的有序结构，如果在工程建设中不对工程组织进行合理的设计和诱导，工程组织也可能演化到无序的碎片化状态，使得工程建设陷于混乱之中。

建筑工程是动态的耦合系统。建筑工程系统包含众多的参与主体、物料设施设备、工程技术标准规范、管理制度流程等。随着工程的推进，各个要素间伴随着海量的数据、信息、资金等产生大量的相互作用和关联影响，构成了一个高度动态的耦合系统。建筑工程管理活动在本质上是动态的，譬如工程的设计和施工随时间的推移而展开。此外，建筑工程在项目周期中的演化行为存在多种时延现象。例如，在执行计划方案、发现和纠正错误、应对项目的范围或需求规格的意外变化等过程中存在着多种原因引致的时间延迟，这种动态要素意味主系统对一个扰动的短期响应行为可能与长期反应有很大的不同。

建筑工程系统的非线性和涌现性现象突出。建筑工程建设不是各参建单位的各种资源和能力的简单的线性叠加，而是各种生产要素之间相互作用，形成有独特价值的工程交付物和服务的过程。由于工程组织各参与方之间的非线性作用，其最终的工程交付物和建设过程中提供的服务价值要远远大于系统输入要素的价值之和。工程组织中充斥着各种非线性相互作用，这与工程组织成员的异质性、智能性、有限理性等有关。

构建建筑工程智能制造复杂系统模型有助于建筑行业高质量发展。基于建筑工程的复杂性，构建建筑工程智能制造模型，能够辅助和支持建筑工程项目的决策评估、技术方案及运营策略。而模型建立和应用的基础是行业数据和人工智能技术应用，所以行业数据的收集应用、跨行业数字化智能化合作、行业复杂模型建立是建筑行业高质量发展探索的重要内容和突破方向。

7.18 经济波动的系统原因与非系统原因

经济波动的原因包括系统原因与非系统原因。经济波动的各种因素，包括其他与之有关的因素，是十分复杂且彼此交织的。通过系统科学的研究，学者们发现一些因素是由系统本身的运行机制决定的，它们会长期存在，而另一些则可能是由外部环境的影响所致。

经济波动的系统原因。系统原因是一种由系统内部因素及其相关运动规律共同决定的经济波动，这些因素包括人类的生理和心理需求、行为主体的追求利益的倾向以及市场的竞争环境等，它们共同构成了经济波动的基础。经济变化的根源可以归结于多种内在驱动力，而这种驱动力所带来的变化被称之为系统的内部变化。内生波动是由复杂的社会结构、经济环境以及个人因素共同影响的结果，而这种影响不会被任何外力完全抹去，但如果采取合理的经济政策，就可有效地减轻这种影响。

经济波动的非系统原因。非系统原因与系统原因密不可分。非系统原因，例如自然灾害，可能会导致严重的后果。除了系统的影响，还有许多非系统的因素，比如全球贸易、投资、技术创新、市场调整、政府管理、社会稳定、环境保护、社会发展、文化传承、社会进步、社会发展趋势等。

7.19 现代金融理论与复杂经济学的碰撞

经济的简单性与复杂性。所谓简单性与复杂性，一定程度上，其实就是机械系统和生物系统的区别。生物系统无论多么简单，也是复杂系统。机械系统无论多么复杂，最后都是简单系统，当然可能是非常复杂的简单系统。复杂经济即范围经济，简单经济是规模经济。范围经济说的是异质性经济，常常与同质性不经济相联系。简单经济指同质性经济，相对于同质性不经济，它与规模经济与规模不经济，表达的是同一内容。范围经济与复杂性、生态性有内在关联。简单经济在范式上的一个根本标志，就是同质性假定。同质性的经济，本质上就是简单经济。规模经济，是报酬递增情况下的简单经济，或是报酬不变或是报酬递减情况下的简单经济。规模经济与范围经济，定量分析方法不同。规模经济因为假定了品种为一（即产品同质），主要是以数量范式为参照系量化；范围经济因为假定了品种大于一（即产品异质），需要以品种范式为参照系量化。

有效市场假说。现代资本市场理论是建立在"有效市场假说"（Effective Market Hypothesis，EMH）基石之上的。"有效市场假说"起源于20世纪初。EMH由美国经济学家尤金·法玛于1970年进一步提出和深化。EMH有几个关键性的假设，包括：（1）理性投资者。假定投资者为"理性人"，在给定风险水平上期望收益率最高的资产。（2）有效市场。价格反映了所有公开的信息。（3）收益率服从正态分布的随机游动。收益率遵循随机游动，并假设其概率分布近似于正态或者对数正态。近似于正态分布，隐含着收益率分布至少有一个有限的均值和方差。

"有效市场假说"成立的机理。机理1：传统的基于有效市场假说（EMH）的资本市场理论认为，资本市场上的价格或收益率是独立的，与过去的价格或收益率无关。这是由于，EMH 认为，价格已经反映了已知的信息，而且由于投资者数目众多保证了价格是公平的。EMH 假设了投资者是理性人为前提，认为市场是由很多人组成，多到可以忽略犯错，如果犯错，非理性人投资者将失败而被出清市场。机理 2：各资产的收益率是相互独立的，而且它们是遵循随机游动的随机变量。如果把足够多的独立的价格变化（收益率）合在一起，当观测数趋于无穷时，根据中心极限定理或大数定理，概率分布就变成了正态分布。这样，概率、微积分等就可以合理地被用于建立现代资本市场理论的体系结构了。机理 3：EMH 是一个非常强的市场假说，如果市场价格已经反映了全部信息，那么未来价格与过去的价格信息是相互独立的。这意味着证券的基本分析和技术分析都是不必要的，从而使得 EMH 不为投资界所接受。于是出现了 EMH 的半强市场版本，即认为市场价格反映了所有的"公开"信息，而一部分的"公开"信息源自大量独立的市场分析和估算。这样，市场分析者变成了市场有效的理由。这种半强市场版本的 EMH，为市场基本接受，也为学术界基本接受。

现代资产组合理论。在 EMH 基础上，现代资产组合理论（Modern Portfolio Theory，MPT）得到了发展。1952 年 3 月，马科维茨在《金融杂志》发表了题为《资产组合的选择》的论文，将可能收益率的分布，以其方差作为度量，用以度量资产组合的风险。可能的收益率围绕平均收益率的离散程度越大，标准差就越高，证券的风险就越大。这里也假设了收益率是正态分布的，其理由是，如果收益率是随机游动的，且是独立的随机变量，则根据中心极限定理或大数定律，其分布是正态的，进而方差是有限的。MPT 假设，在给定的风险水平上，投资者会要求得到期望收益率最高的资产组合。

资本资产定价模型。夏普等人在 20 世纪 60 年代建立起了资本资产定价模型（Capital Asset Pricing Model，CAPM），将 EMH 和马科维茨的资产组合理论的数学模型结合起来，建立了一个以一般均衡框架中的理性预期为基础的投资者行为模型。其中，假设投资者有着同质的收益率预期，以相同的方式解读信息。CAPM 忽略了交易成本，假定投资者可以无风险利率借贷，即投资者不会出现资金短缺问题，并且假定投资者都追求马科维茨的均值 / 方差有效性，即投资者均是理性的，都追求在给定风险水平上期望收益率最高的资产组合。在这些假定基础上，CAPM 得出结论。即对于所有投资者,最优资产组合是市场资产组合的风险资产和无风险资产组合。

期权定价模型和套利定价理论。20 世纪 70 年代的布莱克和斯科尔斯的期权定价模型（Option Pricing Model）, 也称 B—S 模型, 和同时期的罗斯的套利定价理论 (Arbitrage Pricing Theory，APT), 则更将计量经济学深入地应用于资本市场。期权定价模型是基于对冲证券组合的思想, 本质上是无套利定价, 并假设标的资产价格服从对数正态分布。APT 由 CAPM 发展而来, 都是假设在均衡状态下的模型。APT 认为, 如果市场未达到均衡状态的话, 市场上就会存在无风险套利机会, 因此, 风险资产收益与多个因素有关, 且分别存在近似的线性关系。而 CAPM 认为, 所有证券的收益率都与唯一的公共因子即市场证券组合的收益率存在着线性关系。

复杂经济学对"有效市场假说"及现代金融理论的某些质疑。现代金融理论建立于EMH基础之上, 目的在于证明市场价格(或收益率)是独立的, 是遵循随机游走的随机变量, 而且服从或近似服从正态分布。然而, 现实世界中的经济系统, 更多呈现复杂而非简单的属性。为此, 人们对这一假说及现代金融理论存有质疑, 现代金融理论与复杂经济学似出现了碰撞, 甚至会由此产生一些对现代金融理论存有颠覆性观点。但无论如何, 用历史的眼光看, EMH 对资本市场理论的贡献, 以及现代金融理论对金融经济发展的贡献, 从上述一系列理论的发明者马科维茨（1990）、夏普（1990）、斯科尔斯（1997）等获得诺贝尔经济学奖事件看, 可见一斑。

7.20 金融市场的动态和非线性特性令人想起了复杂经济学

金融市场的大规模交易和价格波动。在金融市场中, 大规模交易和价格波动是常见的现象。在股票市场中, 一些大型机构投资者的大规模交易行为往往会引起市场的震荡, 因为它们往往会引起其他投资者的跟风操作和情绪波动, 从而放大市场的波动性。此外, 市场信息的不对称和不完全性也会导致价格的波动性和不确定性增加, 因为投资者无法获得全部信息, 而且部分信息可能被误解或者被操纵。

金融套利和市场失灵。套利和市场失灵也是金融市场中常见的现象。

一方面，套利可以消除市场中的价格偏差，从而实现价格的有效性和公正性。另一方面，套利行为也可能引起市场的失灵，因为套利机会的存在会吸引大量的资金流入市场，从而造成市场的过度波动和不稳定性。另外，市场失灵的原因是多种多样的，也可能是由于市场机制不完善等原因造成的。

金融市场的离散化和非线性特性。离散化是指市场中某些变量的取值只能是有限的几种情况，而不能是连续的。例如，在二元期权市场中，期权的收益只有两种可能的情况，即盈利或者亏损。离散化的特性会导致市场中的非线性关系和复杂动态的产生，因为市场中因素的变化会引起收益和风险的跃变。另外，市场中的非线性特性也会增加市场的不确定性和波动性，因为影响市场变化不一定是线性的，且通常是非线性的，存在着非线性的反馈效应。

复杂经济学方法论有助于金融市场风险管理。金融市场的动态变化、失灵、非线性特性等，给金融市场带来了不稳定性和风险。风险管理是金融市场中非常重要的一个方面，复杂经济学方法论可以帮助投资者和机构减少损失和提高收益。可以利用复杂网络分析方法来研究市场中不同资产之间的关系和互动，以及利用机器学习方法来研究市场中的价格波动和风险溢价等。可以采用动态对冲策略来应对市场中的非线性和异质性风险。可以更好地解释和预测金融危机。可以帮助理解和预测金融市场中的投资者和机构表现出非理性、情绪化等行为。

关键词

复杂性科学 神经科学 自组织现象 企业协同创新 复杂网络
"小世界网络" W-S 模型 机器学习 模式识别 鲁棒
统计物理学 布朗运动 预期理论 异质性预期 适应性分析
进化论分析 生态平衡分析 宇观 贸易引力模型 人工智能技术
大数据分析功能 自然语言处理（NLP） 循环经济系统 生态位
"加环"增值 "减环"增值 服务增值 人造资本 生态经济学
"地球系统" 复原力 自然生态系统 自然资源资产估值
ABM 模型 内生参数化 真实主体 虚拟主体 非线性动力学模型
宗教学 机器学习 深度学习模型 自动化技术 耦合系统

建筑工程智能制造模型 系统原因 非系统原因 范围经济
简单经济 规模经济 异质性经济 同质性经济 有效市场假说
现代资产组合理论 资本资产定价模型 期权定价模型
套利定价理论 大规模交易 市场失灵 二元期权市场 市场失灵

第8章

复杂性科学在企业应收账款定价系统中的综合应用

复杂经济学的理论体系和方法论，逐渐为世人所接受，人们自觉不自觉地用其来指导经济研究和助力全球复杂的经济系统健康运行。第 7 章，探讨了复杂性科学在经济系统中有着广泛应用场景。本章综合应用复杂经济学相关知识，构建企业应收账款类信用资产定价模型，并在对该定价模型及其系统进行计算机仿真的基础上，进一步开展实证检验。复杂性科学博大精深，本典型案例试图在作者既有研究成果的基础上进一步分析与研究，重点阐述研究的思路和方法，以启迪读者走进复杂经济学。需要强调的是，虽说本案例综合应用了复杂经济学的相关知识，但具体被应用的复杂性科学也只是"冰山一角"。

8.1 发现问题：中国企业应收账款呈现量大、质次的现象

8.1.1 中国企业的应收账款发展状况

企业应收账款的存在是合理的但需要适度。企业应收账款是基于信用销售而产生的，是企业的"债权"，属于一类信用资产。企业应收账款是反映宏观经济"晴雨表"的指标之一。从微观来看，企业存在一定的应收账款是合理的，基于买方企业的"信用"扩大卖方销售对卖方是有利的，基于买方企业的"信用"占用卖方的资金对买方也是划算的。应收账款和应付账款是相对的，无论是买方还是卖方，企业应收账款或应付账款的过多或过少均不正常。需要寻找这个动态的均衡点，这个问题先搁置，后面将有所阐述。

中国企业应收账款的"量大"，体现在绝对值和相对值在较快增加。从国家统计局公布的数据看，2000—2023 年规模以上工业企业的应收账款呈现量大的表象。企业应收账款的"量大"，体现在绝对数量和相对数量方面。如表 8-1 和图 8-1 所示，从现象看，企业应收账款的绝对数量和增

速增加较快，样本企业应收账款的增幅明显高于工业企业增加值的增幅。需要说明的是，尽管应收账款的数据来源于规模以上工业企业，而增加值来源于所有的工业企业，严格意义上，这两者之间无可比性，但有近似可比性也有一定价值，理由是"精确比模糊强""'模糊的有'比'精确的无'强"。经济学研究的复杂性一定程度上在于，数据的缺失和数据的失真，但也不能由于这个缘故，就"裹足"经济学的研究进程，故"近似的有"总比"准确的无"强。

表 8-1　2000—2023 年中国规模以上工业企业的应收账款
和全部工业企业增加值

年份	年末应收账款净额（万亿元）	环比增减（+/−）和增速（%）	全面工业企业增加值（万亿元）	环比增减（+/−）和增速（%）
2000	1.48	——	4.03	——
2001	1.48	0.00；0.28	4.39	0.36；8.93
2002	1.60	0.12；8.13	4.78	0.39；8.88
2003	1.84	0.23；14.49	5.54	0.76；15.82
2004	2.31	0.47；25.46	6.58	1.04；18.73
2005	2.66	0.36；15.43	7.80	1.22；18.52
2006	3.17	0.50；18.94	9.22	1.43；18.31
2007	3.87	0.70；22.08	11.17	1.95；21.09
2008	4.39	0.52；13.55	13.17	2.00；17.94
2009	5.14	0.75；16.99	13.81	0.64；4.83
2010	6.14	1.00；19.54	16.51	2.70；19.57
2011	7.05	0.91；14.75	19.51	3.00；18.18
2012	8.40	1.35；19.21	20.89	1.38；7.05
2013	9.74	1.34；15.90	22.23	1.34；6.43
2014	10.74	1.00；10.30	23.32	1.09；4.89
2015	11.72	0.98；9.13	23.50	0.18；0.76
2016	12.68	0.96；8.19	24.54	1.04；4.44
2017	13.56	0.88；6.94	27.51	2.97；12.11
2018	14.61	1.04；7.70	30.11	2.60；9.44
2019	15.63	1.02；6.99	31.19	1.08；3.58
2020	16.75	1.12；7.16	31.29	0.10；0.33
2021	19.41	2.66；15.88	37.45	6.16；19.70
2022	22.15	2.74；14.10	39.50	2.05；5.47
2023	23.72	1.57；7.09	39.91	0.41；1.03

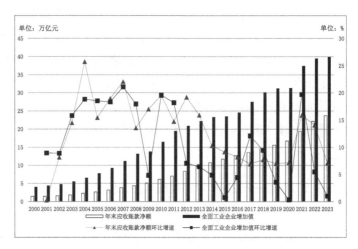

图 8-1 规上企业应收账款与全部工业企业增加值比较

企业应收账款的"质次"，体现在应收账款回收期放缓。根据国家统计局发布的数据，2022 年全国规模以上工业企业营业收入 137.91 万亿元，同比增长 5.9%；应收账款平均回收期为 52.9 天，同比延长了 3.3 天。然而，这个周转天数是使用公式近似计算的，使用"（期初应收账款余额 + 期末应收账款余额）/2= 应收账款平均余额"过于简化。为进一步了解具体情况，需要抽样调研。本文仍使用笔者 2015 年随机抽样的 30 家工业类子行业制造业上市公司财报年报横截面数据。随机抽样，是考虑到样本的代表性；抽取制造业上市公司，是为了尽量保持可比性；选择 30 家，是理论上的大样本量，实践中只要条件允许的话，样本量越大越好，因为大样本量更能贴近总体真值。数据分析显示，企业应收账款的账龄与金额结构以及坏账准备金计提情况，如表 8-2 和图 8-2、图 8-3。12 个月内的应收账款降至 71.20%，1-3 年（12-48 个月）及 3-5 年以上（36-60 个月以上）的占比分别高达 7.97% 和 1.53%。调查发现，样本上市公司的坏账准备基本计提到位，主要原因可能有二：一是上市公司的财务相对较为规范；二是上市公司的信息披露制度的外在压力使然。如果是非上市公司，可能有的企业财务会不规范，抑或大多数企业的这类坏账准备的计提未必能够到位。

表 8-2 样本企业应收账款账龄与金额结构情况

账龄	金额（万元）	结构占比（%）	坏账准备金额及计提比重（%）	坏账准备金额占比（%）
12 个月内	1148889.21	71.20	35954.19, 3.13	27.51
12—24 月	200512.36	12.43	14778.02, 7.37	11.31
24—36 月	135509.05	8.40	19038.64, 14.05	14.57
36—48 月	83163.91	5.15	23723.10, 28.53	18.15
48—60 月	20805.71	1.29	12492.79, 60.05	9.56
5 年以上	24751.67	1.53	24700.43, 99.79	18.90
累计	1613631.91	100.00	130687.12, 0.0810	100.00

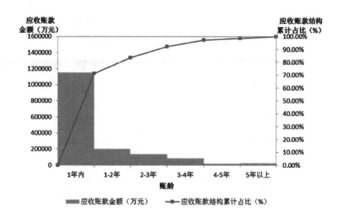

图 8-2 样本企业应收账款结构分布

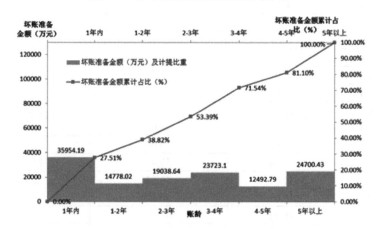

图 8-3 样本企业坏账准备金额结构分布

　　企业应收账款的"质次"，体现在长期的应收账款占流动资产的比重高，不良的应收账款增多，导致"流动资产不流动"。应收账款本属于流动资产，所谓流动资产是指企业可以在一年或尽管超过一年但在一个营业周期内可以变现或者运用的资产，如果应收账款期限过长，缺乏流动性，就与流动资产"名不副实"了，且容易产生不良现象，如图8-2所示。表8-3显示了2000—2023年规模以上工业企业的应收账款占流动资产的比重。这个比重究竟多少是合理的，需要具体问题具体分析，需要针对不同的行业、不同的企业和不同的环境而定，但从行业市场研究，一般需要一个参数供参考。

表 8-3　中国规模以上工业企业的应收账款
占流动资产的比重（2000—2023）

年份	年末应收账款净额 （万亿元）	年末流动资产合计余额 （万亿元）	应收账款净额占流动资 产合计的比重（%）
2000	1.48	5.43	27.22
2001	1.48	5.78	25.66
2002	1.60	6.35	25.27
2003	1.84	7.62	24.11
2004	2.31	9.72	23.75
2005	2.66	11.10	24.00
2006	3.17	13.23	23.95
2007	3.87	16.33	23.70
2008	4.39	19.57	22.45
2009	5.14	22.30	23.05
2010	6.14	27.92	22.00
2011	7.05	32.78	21.51
2012	8.40	36.82	22.83
2013	9.74	41.35	23.56
2014	10.74	44.57	24.10
2015	11.72	46.92	24.99
2016	12.68	50.09	25.33
2017	13.56	53.41	25.40
2018	14.61	56.52	25.85
2019	15.63	59.12	26.44
2020	16.75	64.88	25.82
2021	19.41	75.18	25.82
2022	22.15	83.23	26.61
2023	23.72	85.87	27.62

仅靠总体的数据反映不了具体情况，尤其是涉企业的应收账款，只有具体到个体的企业中，才能摸清所有情况。除参见表 8-2 和图 8-2 外，这里仍沿用法国 Coface 公司 2007 年对中国全行业企业典型调查分析的材料。该调查显示，应收账款形成逾期或不良的原因包括：客户经营困难类 63.1%、卖方管理不善类 39.3%、双方贸易纠纷类 19.6%、客户恶意拖欠与欺诈类 13.2% 和其他原因 2.4%。据此测算并作归一化处理，可以大致找到违约的概率分布，来自客户（买方）的违约损失概率 62.57%，来自卖方的违约损失概率 35.68%，来自买卖双方之外环境因素的违约损失概率 1.75%，如表 8-4 所示。这种分析方法，实质上也是由样本推及同类和总体的一种做法，不够准确，更谈不上精确，但也有一定道理，能反映大概趋势。

表 8-4 违约企业应收账款损失概率经验分布

原因主体类别	原始调查的概率分布	归一化处理后的概率分布
买方	86.1%	62.57%
卖方	49.1%	35.68%
环境	2.4%	1.75%
累计	137.6%	100%

备注：买方原始概率 =63.1%+13.2%+19.6%*50%；卖方原始概率 =39.3%+19.6%*50%。

8.1.2 国外同类企业应收账款发展状况比较

中国的发展置于世界的发展环境之中。中国企业的应收账款发展主要置于中国的环境，但也受到国外的环境影响。为了进一步了解中国企业应收账款发展特点，拟采取中外比较研究。考虑到样本数据的典型代表性，本文又通过随机抽样的方法，选择了欧洲、美国和中国大陆三地同行业（贸易类）上市公司 10 年（2005—2014）各 30 家样本数据进行比较分析研究，其中欧洲地区有英国 14 家、德国 10 家、法国 6 家。为避免抽样数据误差，剔除了明显异常值。样本企业基本情况，详见表 8-5。

一是中国上市公司的上市历史时间最短。上海证券交易所、深圳证券交易所分别于 1990 年、1991 年成立，迄至彼时数据整理日（2016 年）分别有 26、27 年的时间。随机样本的中国上市公司的历史不如欧洲、美国悠久。同口径比较，欧洲平均 57 年，美国平均 38 年，中国平均 21 年，分别比中国多出 36 年和 17 年。

二是中国上市公司的资产负债率最高。样本企业 10 年的平均资产负债率最高的是中国为 89%，其次欧洲为 63%，最低的是美国为 54%。中国企业平均资产负债率分别高于欧洲、美国企业 26 个百分点和 35 个百分点。

三是中国上市公司的流动比率低于 2：1。从样本贸易类上市企业看，美国上市公司的流动比率充足为 2.68，高于经验值 2：1。而中国和欧洲样本企业的流动性显不足，分别为 1.72 和 1.65。中国样本企业的流动性略好于欧洲企业。

四是中国企业的应收账款规模小于美国高于欧洲平均水平。从 30 家样本上市企业的 10 年平均数值来看，美国企业的应收账款体量最大，年平均余额为 75496 万英镑，欧洲平均余额为 26707 万英镑，中国平均余额为 55218 万英镑（以 2014 年 12 月 31 日人民币对英镑汇率换算，1 英镑 =9.6432 人民币）。尽管这一数据具有明显的不可比性，但也从一个侧面衬托了所在国企业的财务发展水平。

表 8-5 欧美中三地 30 家样本上市公司有关应收账款指标比较（2005—2014）

指标 \ 国别	欧洲	美国	中国
平均上市时间（年）	57	38	21
平均资产负债率（%）	0.63	0.54	0.89
平均流动比率（%）	1.65	2.68	1.72
平均余额（万英镑）	26707	75496	55218

8.1.3 政府采取措施化解应收账款拖欠矛盾

政府强化应收账款清收工作，从另一个侧面佐证了企业间相互拖欠的严重性。这也是发现问题的一个方法，即所谓的反向思维方法。一个经济问题，既然政府都"出手"了，可能就是普遍或严重的经济问题。早在 1990 年，中国政府曾发文，布置在全国范围内开展清理"三角债"工作（国发〔1990〕19 号），并把它作为治理整顿、深化改革的一项重要任务来抓。现如今，企业间相互拖欠现象也严重。近年来，常有中小企业的业主向笔者抱怨，有的大企业长期拖欠其货款，使其资金的压力巨大，但为了继续保持与大企业的业务合作关系，又不敢维权，只能"哑巴吃黄连，有苦说不出"。为促进机关、事业单位和大型企业及时支付中小企业款项，中国国务院出台《保障中小企业款项支付条例》（2020），规定机关、事业单位和大型企业不得违约拖欠中小企业的货物、工程、服务款项。国务院常务会议，审议通过《清理拖欠企业账款专项行动方案》（2023）。

8.1.4 复杂经济学知识点

复杂经济学强调以问题为导向，真研究和研究真问题。那么，问题从哪里来？从实践中来，从理论中来，从政策中来，从调研中来。通过多种路径，得知中国企业应收账款呈现量大、质次的现象，且是个微观但涉及中观、宏观的问题。

复杂经济学强调要把研究的问题本身说清楚，完整解释"问题是什么"。这是系统观的体现。这就需要从历史的视角，重视时间序列数据，如上文比较分析 2000—2023 年的中国规模以上工业企业的应收账款和全部工业企业增加值等数据。需要时空的概念，重视空间的数据，往往需要进行中外的问题比较，如上文比较中国的企业和欧洲、美国企业的有关应收账款的异同特征。除了总体的数据和样本的数据之外，还需要典型调查的数据，如上文利用法国 Coface 公司的典型调查数据。总之，穷尽一切手段，把发现的问题本身，率先弄清楚、说明白。

复杂经济学认为，经济学的复杂性，一定程度在于数据缺失和数据失真。尽管数据的缺失和数据失真对复杂经济学研究有较大影响，但不能因此"裹足"经济学的前行，复杂经济学也追求模糊的真相，进而探寻一般性经济规律。

8.2 分析问题：企业应收账款恶化 对宏微观经济的影响

8.2.1 企业应收账款恶化对微观经济的影响

企业应收账款恶化，直接给微观企业带来损失。从微观上看，以企业信用管理与财务管理视角分析，企业的应收账款量过大，或过小，都不是最优理想状况。过度的应收账款会影响企业资金周转，加大应收账款坏账风险。过少的应收账款可能不利于企业赊销，不利于企业提升同行业中的销售竞争策略水平。

8.2.2 企业应收账款恶化对宏观经济的影响

企业应收账款恶化，容易引起关注。从宏观上看，企业应收账款增长过快过多，助长了货币周转速度减慢，导致资金使用效率低下和资源浪费现象严重。企业应收账款这一指标，具备宏观经济先行指标的特征。企业应收账款恶化，是宏观经济的"晴雨表"，故容易引起决策层的关注。

企业应收账款恶化，已经引起关注。通过历史时间序列和国别比较分析研究得知，近些年来，中国企业应收账款普遍增长快、金额大、周转慢、账龄长、风险高，对全社会经济效率影响明显，已经引起决策层的关注。所以，需要加强对这类信用资产的控制与管理。

8.2.3 需要控制管理企业应收账款恶化

发现了企业应收账款恶化这一现象，不应听之任之。企业、行业、政府等部门，应各司其职。作为研究者，应厘清其中的原委，尽可能采取技术的手段，建言救助这一困难。当然，缓解或解决这个问题，是个复杂的系统工程，涉及很多方面。本文将就其一点，拟通过对应收账款的合理定价，以达到支持控制管理企业应收账款恶化的目的。

提高对企业应收账款的定价技术水平，对控制管理企业应收账款恶化的直接贡献。提高对企业应收账款的定价技术水平对控制管理企业应收账款恶化的直接贡献，至少在于五个"有助于"：有助于摸清企业自身"家底"和加强信用管理；有助于市场化商业机构提供更为精准的估值服务；有助于基于应收账款提供融资及非融资服务的商业银行、保理公司、信托投资公司、证券公司及资产交易所等开展相应业务、创新金融产品；有助于提高全社会资源配置和使用效率；有助于改善微观经济基础与宏观经济管理。

控制管理企业应收账款恶化已形成共识，提高对企业应收账款的定价技术水平的进一步贡献。一是促进微观企业加强应收账款的质量控制与风险管理。信用销售有助于企业拓展市场，增加市场份额，实现销售收入。

单个企业应收账款的最优量受企业自身规模大小、经营管理水平、交易对手素质以及所在地区、所处行业环境等诸因素制约与影响。研究对应收账款定价，帮助微观层面企业加强应收账款的数量控制，减少无效资金占用，寻求最适合本企业的最佳均衡点，促进企业加强应收账款的事前、事中与事后管理，加速存量资产资金周转，控制应收账款的预期与非预期风险，合理配置资金资源。二是支持宏观层面供应链金融与经济的健康发展。一定程度上，制约企业融资难的瓶颈、导致金融发展滞后的重要原因之一是金融定价技术跟不上。企业应收账款定价系统的研发，有利于企业应收账款的非标准化直接转让与标准化交易，为应收账款质押融资、保理、证券化以及金融衍生品业务，提供技术支撑，缓解企业融资难问题。应收账款属于流动资产一部分，是具有信用特质的资产，保理就是把应收账款作为金融商品进行定价交易，以实现企业融资目的。加强应收账款核算管理研究，探索此类资产帕累托最优管理，有助于抑制广义货币量（M2）超经济发行，完善供应链金融与经济。利用区块链技术把企业应收账款资产打造成安全有效的数据资产，有利于监测、盘活、控制、管理这类资产，促进数据资产有序流动与经济健康增长。

8.2.4 复杂经济学知识点

复杂经济学强调把问题分析透彻，强调问题的涌现性。企业应收账款恶化是个表象，深层次的原因是什么。如果企业普遍出现这一现象，那么其带来的行业变革是什么，对微观经济和宏观经济有哪些外溢效应和深远影响。

复杂经济学强调分析问题是为了解决问题，强调对问题的控制管理。问题出现了，不能听之任之。需要控制消极的一面，支持积极的一面，以便于系统进入新的稳态。需要找到问题的根源，找到解决问题的"道"，找到控制管理问题的"熵"。本文所列举的案例，仅仅是从一个小小的切入口去研究和探索，助力企业、行业、金融机构乃至政府控制管理应收账款。

8.3 解决问题：构建利润最优模型

8.3.1 利润最优模型理论基础及构建方法

利润最优化是企业最主要的经营目标。企业是逐利的，不然，企业无法存活。企业追求利润最优化，是企业最主要的经营目标，但不是唯一目标。企业为了实现这个目标，就需要研究企业应收账款的合理数量和高水平质量。这里重点研究均衡"数量"问题，"质量"问题后面将有所阐述。

软计算方法能够帮助测度利润最优的应收账款数量。最优化方法是计算数学与运筹学的交叉学科，最早可追溯到拉格朗日（Lagrange，1736—1813）关于一个函数在一组等式约束条件下的极值问题。人们在处理日常生活、生产过程、经营管理、社会发展等实际问题时，都希望获得最佳的处理结果。不同的方案、不同的措施，实现的处理结果也不尽相同。如何获得最佳的处理结果，属于最优化问题，而软计算方法能够帮助找到最优方法。追求利润最优的应收账款数量也可以利用软计算方法。

最优化问题的基本数学模型。目标函数、约束条件和求解方法是最优化问题的三个基本要素。数学模型的一般形式为：

$$
\begin{cases}
\min f(x); \\
s.t. \begin{cases} ci(x) = 0, i \in E = \{1, 2, ..., l\}, \\ ci(x) \le 0, i \in I = \{l+1, l+2, ..., l+m\} \\ x \in R^n \end{cases}
\end{cases} \tag{8.1}
$$

其中，无约束条件（$E = I = \varnothing$）的最优化问题称为理想的最优化问题，所得结果称为理想最优解。但在处理实际问题时，往往是有约束条件的，即指标集 E 和 I 中至少有一个非空存在，通常会受到经济效率、物理条件、政策界限等许多方面的限制。公式 8.1，展示了一个目标函数和三个约束条件。

对目标函数的求解方法。可利用函数的分析性质去构造迭代公式，使得到的函数值序列和解序列分别收敛到问题的极小值和极小解，可通过智能技术和机器学习来帮助达到求解问题的目的。解决静态最优化问题需要运筹学的基础知识，包括线性规划、对偶理论、排队论、博弈论等，而解决动态最优化问题则需要变分学的理论支撑。变分学最终寻求的是极值函数，即那些使得泛函取得极大或极小值的函数。可通过其关键定理（欧拉—拉格朗日方程），找到泛函的临界点，即在寻找函数的极大或极小值时，在一个解附近的微小变化的分析给出一阶的一个近似公式。具体可能需要求解的是带等式约束的动态最优问题和用哈密顿函数求解最优控制问题。

下面是带等式约束的动态最优问题。在 n 维状态空间的容许轨线中，满足公式 8.2，

$$g(x, \dot{x}, t) = 0, g = [g_1, g_2, \ldots g_n]^T \tag{8.2}$$

求取连续可微的轨线 x^*（极值的最优解），使得下列泛函达到极值

$$J = \int_{t_0}^{t_f} \phi(x, \dot{x}, t) d_t \tag{8.3}$$

引入拉格朗日乘子向量

$$\lambda(t) = [\lambda_1(t), \lambda_2(t), \ldots \lambda_m(t)]^T \tag{8.4}$$

将等式约束以适当的形式纳入目标函数中，既对轨线有约束又不改变原问题的解。作辅助函数 (8.5)，

$$\bar{\phi}(x, \dot{x}, \lambda, t) = \phi(x, \dot{x}, t) + \lambda^T g(x, \dot{x}, t) \tag{8.5}$$

将原问题转化为无约束变分问题 (8.6)，

$$\bar{J} = \int_{t_0}^{t_f} \bar{\phi}(x, \dot{x}, \lambda, t) d_t \tag{8.6}$$

必要条件中的欧拉方程为 (8.7) 和 (8.8)，

$$\frac{\partial \bar{\phi}}{\partial x} - \frac{d}{d_t} \frac{\partial \bar{\phi}}{\partial \dot{x}} = 0 \tag{8.7}$$

$$\frac{\partial \bar{\phi}}{\partial \lambda} = g(x, \dot{x}, t) = 0 \tag{8.8}$$

另外，也可以使用哈密顿（Hamilton）函数，即 $H=T+V$，T 为动能，V 为势能，用变分法直接推导出最优控制的各种必要条件，包括终端时刻固定和未定的波尔扎问题。所谓变分法，指如果函数 $y(x)$ 使 $U(y)$ 达其极值，则 U 的变分即 δU 变为 0。所谓波尔扎问题，就是求解复合型泛函取得极小值的问题。

8.3.2 从简构建了基于应收账款的利润最优模型

构建利润最优模型是个复杂性很强的问题，如上所述。笔者之前做过类似的研究，从简设计了相关模型并进行了实证检验。从简主要体现在两个方面，一是把动态的平衡假设为静态的平衡，二是以一代方法替代了迭

代方法。尽管如此，笔者设计的原有的微笑曲线模型（2018）也体现了一定的复杂性科学，主要运用了非线性科学和以样本分布推及总体分布的原理，构建了能够自洽的非线性方程，并得到了实证检验。

从简设计的利润最优模型：

$$\pi = \alpha_0 + \beta_0 X_{ARGR} + \beta_1 X_{POR2AR} + \beta_2 X_{AR2CA} + \beta_3 X_{TP2AR} + \beta_4 X^2_{ARGR} + (\gamma_1 X_{POR2AR} + \gamma_2 X_{AR2CA} + \gamma_3 X_{TP2AR}) X_{AR} + \varepsilon \tag{8.9}$$

其中，企业应收账款增长率（ARGR），企业应收账款对流动资产渗透率（AR2CA），应收账款回收倍数即近似应收账款周转率（POR2AR），企业应收账款对利润的影响率（TP2AR），应收账款（X_{AR}），π 为企业利润。

根据样本推断假设，AR2CA 同 TP2AR 具有以下函数关系：

$$X_{AR2CA} = \delta \frac{1}{X_{TP2AR}} + \varepsilon' \tag{8.10}$$

将方程 (8.10) 作为方程 (8.9) 约束条件，进行 Language 方程求导可得：

$$L = \alpha_0 + \beta_0 X_{ARGR} + \beta_1 X_{POR2AR} + \beta_2 X_{AR2CA} + \beta_3 X_{TP2AR} + \beta_4 X^2_{ARGR}$$
$$+ (\gamma_1 X_{POR2AR} + \gamma_2 X_{AR2CA} + \gamma_3 X_{TP2AR}) X_{AR} + \varepsilon \tag{8.11}$$
$$- \lambda (X_{AR2CA} - \delta \frac{1}{X_{TP2AR}} - \varepsilon')$$

在利润最大化时，各解释变量需要满足以下条件：

$$\frac{\partial L}{\partial X_{ARGR}} = \beta_0 + 2\beta_4 X_{ARGR} = 0 \tag{8.12}$$

$$\frac{\partial L}{\partial X_{POR2AR}} = \beta_1 + \gamma_1 X_{AR} = 0 \tag{8.13}$$

$$\frac{\partial L}{\partial X_{AR2CA}} = \beta_2 + \gamma_2 X_{AR} - \lambda = 0 \tag{8.14}$$

$$\frac{\partial L}{\partial X_{TP2AR}} = \beta_3 + \gamma_3 X_{AR} - \lambda \frac{1}{X^2_{TP2AR}} = 0 \tag{8.15}$$

$$\frac{\partial L}{\partial X_{AR}} = \gamma_1 X_{POR2AR} + \gamma_2 X_{AR2CA} + \gamma_3 X_{TP2AR} = 0 \tag{8.16}$$

$$\frac{\partial L}{\partial \lambda} = -X_{AR2CA} + \delta \frac{1}{X_{TP2AR}} + \varepsilon' = 0 \tag{8.17}$$

具体模型解释及实证分析，感兴趣的读者可以参见本人原有研究成果，这里不再赘述。

8.3.3 复杂经济学知识点

复杂经济学的应用实践并不容易。以上模型设计过程可知，复杂经济学从理论的认知到实践的落地，还是有距离的。正所谓，"理想很丰满，现实很骨感"。

复杂经济学的应用实践前途光明。企业应收账款是个动态的过程，按理讲，应构建动态的利润最优均衡模型，但由于许多条件不成就，目标函数难以确定，泛函的临界点更是不好找，所以，笔者之前在一些假设和约束条件的前提下，勉强构建了一个静态的均衡模型。随着时间的推移、数据的增加和技术知识的积累，未来完善这方面的研究，是很有前途的。

8.4 解决问题：构建企业应收账款定价模型

8.4.1 定价的对象是企业应收账款的"内在价值"

企业应收账款有内在价值（Y_{iv}）、账面价值（Y_{bv}）与市场价值（Y_{mv}）之分，三者既相互联系又有所区别。内在价值是内嵌在该应收账款的公平价值（Y_{fv}），又称理论价值或公允价值，是该资产的真正价值，是定价的研究对象。该价值是客观存在的，只不过人们要100%度量它几乎不可能，要精确地度量它也并非容易，但可以通过技术手段尽可能使其估计值 $\hat{Y}_{iv}$ 贴近真值 Y_{iv}。同时，该价值也是可以控制管理与优化的。账面价值记载着该项债权，是指该应收账款在企业资产负债表里实际被记载的从属于流动资产类别的数值。市场价值是投资者为获得该应收账款债权所需要付出的投资代价，该价值不是一成不变的，而是随着市场的变化而变化。

企业应收账款的内在价值与账面价值、市场价值三者之间的关系，详见图8-4。

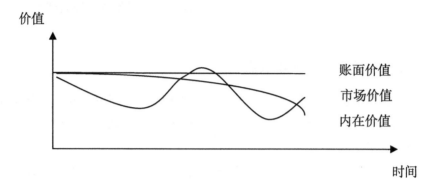

图 8-4 企业应收账款的内在价值与账面价值、市场价值三者关系

如图 8-4 所示，随着时间变化，企业应收账款三种价值之间的关系。账面价值是基本固定的，一般只有当该笔债权到期后才会丧失其价值。内在价值一般会随着时间的推移，即随着应收账款到期日的临近而减值。市场价值是受到市场供求关系的影响围绕内在价值上下波动，该项资产（未到期债权）由于存在未到期的时间成本与机会成本，故市场价值一般不会高于该笔债权的账面价值，即理性投资应为在账面价值下方围绕内在价值波动，但并不排除有非理性投资行为。除时间与机会成本外，企业该类特殊资产即应收账款的价值摊薄，还存在因非买方信用事件导致的应收账款减值，如卖方对买方客户承诺的优惠、卖方对长期客户提供一定数量的折扣和因产品质量问题对债务人开具的贷项通知单等。

8.4.2 企业应收账款内在价值形成机理

企业千差万别，其应收账款的内在价值形成具有复杂性。账面价值相同、账龄相同的单笔应收账款在不同的企业，其内在价值不尽相同。即便是同一企业，遇到账面价值相同、账龄相同的单笔应收账款，由于面对的客户与环境的不同，其到期收回的风险不一，因而风险折价有异，内在价值也不同。

为了探究企业应收账款的内在价值，提出如下假设条件，以清晰地观察其价值形成与运动过程。

假设条件：

（1）授信方，即卖方企业，属于理性的"经济人"；

（2）受信方，即买方企业，属于理性的"经济人"；

（3）只考虑货物贸易形成的应收账款；

（4）不存在来自买卖方的操作风险；

（5）卖方企业为中国境内企业；

（6）卖方企业应收账款的市场价值变化或投资收益率，买方企业资产变现收入增长率，遵循布朗运动，并服从对数正态分布；

（7）符合风险中性世界，无风险利率为不定常数；

（8）每个子系统的自变量作用中间变量，并最终通过中间变量作用整个系统的因变量，不同子系统内的自变量相互间的作用通过中间变量影响；

（9）控制变量作用中间变量与自变量，进而影响因变量。

拥有应收账款的一方为卖方企业，而决定此类资产价值能否实现的主要是买方。所以，买卖企业双方尤其是买方企业的信用，是研究的重点。图 8-5 显示的是符合以上假设条件的企业应收账款类信用资产形成与价值实现的全过程，其中买方和卖方两个当事人是研究的重点。

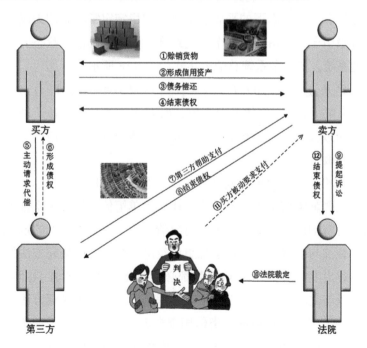

图 8-5 企业应收账款类信用资产形成与价值实现过程

如上图①、②所示，一旦卖方基于买方的信用同意赊销货物，卖方就形成应收账款类信用资产。如果买方按期归还账款，卖方实现信用资产价值，这笔债权债务就宣告结束，如图③和④所示。

如果买方到期没有能力偿还，主动请求第三方（或商业银行或保理公司或其他企业）代偿，信用资产价值运动如图⑤、⑥、⑦和⑧所示。

如果账款到期买方因故无力偿还，卖方诉之法律，法院强行要求买方归还，信用资产价值运动如图⑨、⑩、⑪、⑫所示。

如果细分买方还款状况，考虑到市场主体卖方、买方、第三方以及与法院(诉讼状况下)之间关系，将会出现至少22种情形，包括买方履约情形、买方违约情形、买方部分或全部逾期情形、买方违约情形等。事实上，如果放宽假设条件,企业应收账款类信用资产价值形成与损失过程更具复杂性。

8.4.3 企业应收账款内在价值管控机制

企业应收账款类信用资产定价系统是个复杂的经济系统，是具有自组织耗散结构性质的动态系统。系统中的状态变量，有常量，如赊销金额、账龄，也有非平衡状态下的平庸吸引子，如稳定定常状态的无风险利率，以及奇异吸引子，如由于买方个别违约变量而出现的混沌状态。本文构建的是人造系统，该复杂系统总的表达式如式 8.18 所示。

$$S = (P, R_{jk}), P = \{P_i \mid i \in I\}, R_{jk} = \{r_{jk} \mid j \in J, k \in K 且 J+K=I\} \qquad (8.18)$$

S 代表整个系统，P 代表子系统，R_{jk} 代表关系矩阵。各子系统之间的相互关系通过关系矩阵的非主导元反映，用微分方程或其他数学函数描述主要变量和敏感变量。

本研究沿着"先简单后复杂"的研究思路，运用还原论思想，将复杂的企业应收账款类信用资产定价系统还原为单笔债权债务关系基础上的应收账款进行解剖研究。单笔的定价情况清楚后，两笔及以上的定价情况可以类推、叠加与涌现。根据哲学思想对经济社会系统的研究方法指引，从事物整体观出发，任何一笔应收账款都必然涉及债权方(卖方)与债务方(买方)，以及与之相关的环境方的影响，即所谓的三维隶属观方法论。如图8-6所示,复杂的企业应收账款类信用资产定价系统必然涉及三个子系统,即买方（Buyer）系统、卖方（Seller）系统和环境（Environment）系统。

子系统内各因子相互作用与影响，子系统间又相互作用与影响。各系统各因子交互与变异，经由技术（Technology）控制与管理，最终生成定价结果，即因变量 Y。此为定价企业应收账款类信用资产的 BEST 模型思想。

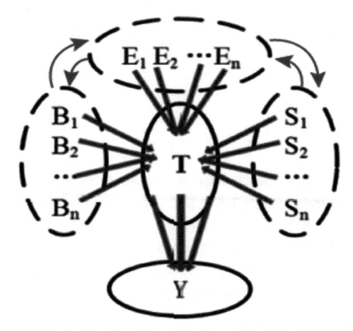

图 8-6　控制前系统输入输出作用过程示意

　　复杂网络示意图 8-6，呈现了企业应收账款类信用资产定价系统的复杂性，有助于分析计量与控制管理企业应收账款类信用资产的内在价值。图 8-6 显示在未引入控制变量前，影响本定价系统的各因子，除赊销金额、账龄、贴现率等变量较为稳定外，其他大多变量随机性特点较强，有的甚至服从无规则的布朗运动，导致定价具有较强的不确定性。图 8-7 显示当通过技术（T）端引入控制变量后，系统由 BES 变成 BEST，其作用过程会沿着预期方向产生一些积极变化。在控制变量的作用下，一方面，企业应收账款类信用资产拥有者——卖方（S）加强事前事中事后的控制管理，对买方（B）信用客观评价与合理授信，买方亦加强自身控制管理，以最大限度减少买方企业综合违约损失和卖方企业综合信用折价损失。另一方面，买卖双方在主动适应环境（E）变化的同时，影响环境结果。最终使得企业应收账款类信用资产内在价值在 BEST 模型的作用下如图 8—6 所示，从原来的输出 Y'优化至 Y_{best} 水平。

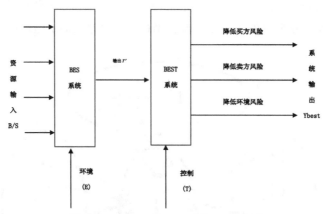

图 8-7 最优控制管理前后系统输入输出作用过程

图 8-8 体现一般规律下控制管理变量前后的风险变化。控制前的风险——时间关系可设为非线性单调递增，随着时间的增长，风险增长幅值越大，曲线则越陡峭。施加了控制管理手段后，随着时间的推移与控制力度的增大，非系统性风险趋于零，风险可接近于系统性风险，此时的风险——时间关系可设为非线性单调递减。

控制前曲线可模拟为：

$$y = a^x + b, \quad y \in [b+1, \infty) \tag{8.19}$$

$$s.t. \begin{cases} a > 1 \\ b > 0 \\ x \in [0, \infty) \end{cases} \tag{8.20}$$

控制后曲线可模拟为：

$$y = \frac{1}{\ln(1+\frac{1}{x})^x} + b, \quad y \in (b+1, \infty) \tag{8.21}$$

$$s.t. \begin{cases} b > 0 \\ x \in (0, \infty) \end{cases} \tag{8.22}$$

其中 y 为风险，x 为时间，"$b+1$" 为系统性风险，a 为参数。约束条件源于公式所表达的经济含义。

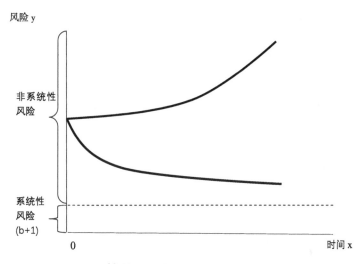

图 8-8 控制前后信用资产与风险组合关系

8.4.4 企业应收账款的 BEST 定价模型设计思想

从单个企业单笔应收账款定价入手。任何企业的应收账款类信用资产均由若干笔应收账款累积而成。研究一个行业一个地区一个企业的一笔应收账款在不同情形下的定价并将其标准化,就可以对该企业若干笔累计而来的应收账款进行估值定价,也可以将其推广到同行业同地区、同行业不同地区或者不同行业同地区、不同行业不同地区的其他企业,进而解决全行业全地区企业应收账款类信用资产定价问题。

从三维全方位考量风险因子。企业应收账款类信用资产的定价脱胎于传统的现金流贴现法的原理和风险折价原则而定价。其内在价值主要受制于应收账款账面金额、账龄和市场贴现利率三大因子的影响,同时需要扣除来自应收账款买卖双方可能风险以及除买卖双方外所有外部环境可能风险的补偿。复杂经济学认为,除系统性风险难以驾驭外,其他风险都应加以控制与管理。

8.4.5 企业应收账款的 BEST 定价模型数学表达

本研究构建的定价复杂系统总的表达式如下所示:

$$Y=(P, R_{jk}), \quad P=\{B, S, E\}, \quad R_{jk}=\{r_{jk} \mid j, k=B, S, E\} \tag{8.23}$$

Y 代表总系统；P 代表子系统，包含 B、S、E 三个子系统；R_{jk} 代表关系矩阵。

其中 B 代表买方系统，S 代表卖方系统，E 代表环境系统。

B、S、E 三个系统相互作用，相互影响。

R_{jk} 代表 B、S、E 三大系统的关系矩阵，具体如下：

$$\begin{pmatrix} r_{EB} & r_{ES} & r_{EE} \\ r_{BB} & r_{BS} & r_{BE} \\ r_{SB} & r_{SS} & r_{SE} \end{pmatrix} \tag{8.24}$$

公式（8.25）分别为无风险与有风险情形下的数学表达。

$$\begin{cases} E(Y_{iv}) = Y_{bv} \cdot e^{-r_f \cdot N} = Y_{bv} \cdot e^{-\overline{r_{f_t}} \cdot n} \\ E(Y_{iv}) = Y_{bv} \cdot e^{-\overline{r_{f_t}} \cdot n} (1 - P_b L_b)(1 - P_e) \end{cases} \tag{8.25}$$

$$s.t. \begin{cases} n = E(D) \\ P_b = (1-\beta)P_b + \beta P_b \\ L_b = Y_b + Y_{bu} \\ Y_b = \alpha + \beta_1 x_1 + \beta_1' x_1^2 + \beta_2 x_2 + \beta_3 x_3 + \ldots + \varepsilon \\ Y_{bu} = \lambda_{bu} E(Y_{bu}) \\ E(Y_{bu}) = P_1 B_w + P_2 L_s + P_3 L_{e'} \end{cases} \tag{8.26}$$

Y_{iv} 代表企业应收账款的 BEST 定价资产的内在价值，Y_{bv} 代表 t 时刻的"账面价值"，$E(Y_{iv})$ 代表期望的企业应收账款的 BEST 定价资产内在价值即估计值。公式 8.25 满足于公式 8.26 条件：n 为久期化后的时间天数，N 为久期化后的时间年数，$N*360=n$。其中：

（1）有风险状态下，引入来自环境的系统性风险概率 P_e 和影响买方违约概率 P_b。

（2）买方系统的违约损失率 L_b 由预期损失率 Y_b 和非预期损失率 Y_{bu} 构成。非预期损失与预期损失之间存在着内部勾稽关系。

（3）λ_{bu} 为非预期损失乘数，数值取决于置信区间和信用损失的概率分布。假设非预期损失率 Y_{bu} 服从正态分布，采用置信度 95% 的区间估计，则 Y_{bu} 是 95% 的可能落在这个区间：$\left[Y_{bu} \mp \dfrac{\sigma}{\sqrt{n}} *1.96 \right]$。

（4）无风险利率r_f，由函数$y = f(r_f)$决定，无风险利率$\bar{r_t}$代表未到期日平均无风险利率。

（5）P_e和P_b如公式 8.27、公式 8.28 表达。

$$P_b = (1-\beta)P_b + \beta P_b \tag{8.27}$$

$$P_e = \begin{cases} 0, \text{非系统性风险} \\ 1, \text{系统性风险} \end{cases} \tag{8.28}$$

公式（8.27）中$(1-\beta)P_b$指来自买方自身因素的违约概率，βP_b指来自卖方因素和环境系统中非系统性风险因素造成买方的违约概率，但实际应用时本研究采用修正后的 KMV 模型直接度量买方企业的违约概率。买方所在环境系统的系统性风险违约概率P_e是个哑变量，属于非 0 即 1 的关系，即或者没有出现系统性风险，或者出现系统性风险。

$$\hat{Y}_{iv} = E(Y_{bv})(1-P_bL_b)(1-P_e) = E(Y_{bv})(1-P_b g(x_1, x_2,...,x_n; f(B_w, L_s, L_e)))(1-P_e) \tag{8.29}$$

$$\hat{Y}_{iv}{}' = E(Y_{bv})(1-P_b{}'L_b{}')(1-P_e) = E(Y_{bv})(1-P_b{}' g'(x_1{}', x_2{}',...,x_n{}'; \\ f'(B_w{}', L_s{}', L_e{}')))(1-P_e) \tag{8.30}$$

公式 8.29、公式 8.30 分别为控制前后企业应收账款类信用资产的内在价值估计值$\hat{Y}_{iv}$和$\hat{Y}_{iv}{}'$，其中：$E(Y_{bv})$为风险暴露金额；Pe 为系统性风险，属于无法控制的变量；$x_1, x_2, \cdots, x_n$为影响买方预期违约损失率的风险因素变量，主要由财务指标构成，以度量其还款能力。影响买方非预期违约损失率的风险因素自变量分别来自B_w即度量来自买方系统的还款意愿（Willing）因素的中间变量，L_s即度量来自卖方系统影响因素的中间变量和L_e即度量来自环境系统中非系统性因素的中间变量。参照表 8-3 历史数据，令：

$$E(Y_{bu}) = P_1 B_w + P_2 L_s + P_3 L_e = 0.6257 B_w + 0.3568 L_s + 0.0175 L_e \tag{8.31}$$

8.4.6 控制管理企业应收账款 BEST 定价模型中的关键变量

有关 BEST 定价模型的具体变量，以及变量间的权重关系等，这里就不再赘述，感兴趣的读者，可以参阅笔者之前的研究成果。需要强调的是，复杂经济学重视控制管理，也就是说，发现问题、分析问题后，是为了解决问题。为此，应收账款 BEST 定价模型对有关变量实施了控制管理。

应用控制论和运筹学原理，研究在满足一定约束条件下，对各种资源的运用及筹划，以发挥有限资源的最大效益，达到总体最优目标。对整个定价系统，采用多目标优化（Muti–objective Optimization），以寻找帕累托最优（Pareto Optimality）。对环境系统，采用鲁棒优化（Robust Optimization）思路，在约束条件有扰动的情况下，求解其最坏情况下的最优解，量化比较所在环境控制管理风险的有效性。对买方系统采用双层优化（Bilevel Optimization）思路，在一个优化问题外嵌套另一个优化问题，有的阈值运用了区间估计而非点估计，不断迭代完成。对卖方系统采用随机优化（Stochastic Programming）方法，求解目标函数最大化期望。在实际应用中，行业均值、历史均值、最大值、最小值等都属于敏感目标指标。表8–6为子系统主要避险参数。

表 8–6 子系统主要避险参数

参数名称	子系统	基础参数	临界参数	控制目的
Delta（ $\triangle$ ）	买方	行业均值与极值	视具体企业而定	控制买方违约概率 P_b
Gamma（ Γ ）	买方	行业均值与极值	视具体企业而定	控制买方违约损失率 L_b
Theta（ Θ ）	卖方	行业均值与极值	视具体企业而定	控制卖方被违约损失率 L_s
Vega（ ν ）	环境	历史均值与极值	视买方所在国家、地区和行业而定	控制环境的非系统性风险导致的被违约损失率 $L_{e'}$
Rho（ ρ ）	环境	历史均值与极值	视买方所在国家、地区和行业而定	正能量影响与促进环境优化，影响与降低可能的系统性风险 P_e

公式8.32和图8–8体现了五个参数受到控制后的变化。P'_b、L'_b、L'_s、L'_e 和 P'_e 分别对应控制后的值，即有效控制（C）好各避险参数，各方面的风险（R1，R2，R3，R4，R5）就有可能趋近于零，导致整体风险（R）越小。

$$\begin{cases} \{R1,\ R2,\ R3,\ R4,\ R5\} \in R \\ P'_b = \Delta * P_b \in R1,\ \Delta \in [0,1] \\ L'_b = \Gamma * L_b \in R2, \Gamma \in [0,1] \\ L'_s = \theta * L_s \in R3,\quad \theta \in [0,1] \\ L'_{e'} = \nu * L_{e'} \in R4,\quad \nu \in [0,1] \\ P'_e = (1-\rho) * P_e \in R5,\quad \rho \in \{0,1\} \end{cases} \tag{8.32}$$

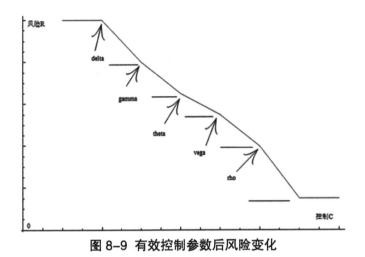

图 8-9　有效控制参数后风险变化

8.4.7 复杂经济学知识点

复杂经济学重视数学知识的应用。复杂经济学强调定性问题的定量化，并不排斥定性的研究，更注重定性分析与定量分析相结合。因为经济系统是复杂的系统，有的问题难以量化，有的问题定性分析优于定量分析。

复杂经济学重视物理学知识的应用。有关模型的建立、参数的设立等，有时候是参照物理系统。

复杂经济学强调综合集成各类方法。复杂经济学注重整体观，但也不排斥还原论的思想。有的方法可以是"拿来主义"，有的方法需要根据实际情况进行改进。

复杂经济学强调控制管理。复杂经济学坚持认为，发现问题、分析问题的目的是为了更好地解决问题。

8.5 解决问题：企业应收账款定价系统仿真及检验

8.5.1 企业应收账款类信用资产定价复杂系统的 STELLA 理论模型及总体框架

影响企业应收账款类信用资产的风险折价的因素主要来自卖方系统、买方系统与环境系统。环境系统的系统性风险以及买方系统中的企业与企业家灾害性风险这些奇怪吸引子的干扰，会导致整个系统瘫痪。企业的期望账面价值、剩余账龄（DSO）久期、无风险利率与违约概率、违约损失率是影响企业应收账款类信用资产内在价值的主要因素。图 8-10 展示了本定价系统的 STELLA 理论模型。

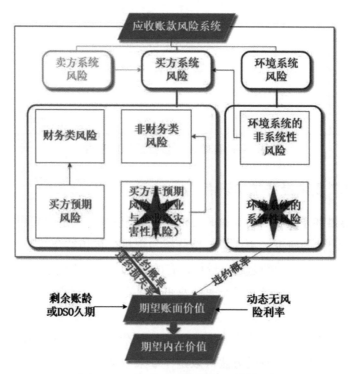

图 8-10 STELLA 构建的理论模型

8.5.2 基于 STELLA 软件的计算机仿真系统

以 2006 年 isee Systems 公司开发的 9.0.1 版本 STELLA 作为模型的建立平台。应收账款估值系统 STELLA 模型由 1 个内在价值部门框（Intrinsic value）、1 个预期损失率部门框（Expected loss）、1 个非预期损失率部门框（Unexpected loss）、1 个卖方被违约风险部门框（Sellers risk）、1 个环境非系统风险部门框（Environmental risk）和 7 个买方风险部门框共 12 个部门框组成 (I1 risk, I2 risk, …, I7 risk)。

各个部门框内部是转换器、连接器、栈和流组成的子系统，部门框之间通过连接器调用信息，从而形成一个完整的估值系统，实现路线为：以风险水平最小为调控目标，调控影响买方风险的74项风险因素的风险水平，在没有系统性风险的情况下，将调控后的风险信息传递给两个有关损失率的部门框，结合应收账款基本信息，实现在给定置信水下的内在价值的估值。对于未来多笔账款情形，STELLA可以把相应对象设置为数组，从而实现计算功能。

展示内在价值部门框。3个转换器及由此指示出的6条连接器，表示判定估值系统是否存在企业灾难性指标（Sys Risk 1）、企业家灾难性指标（Sys Risk 2），以及其他灾难性指标（Other Risks），判定逻辑为：如果其中一个存在，则系统崩溃，最终估值直接为0（本研究是假设不存在这类风险）。如果不存在，按连接器指示方向，算出各笔应收账款违约损失率在相应置信区间的下限（Lb L）和上限（Lb R）。违约损失率（Rb）与账面价值（Ybv）、环境系统性风险（Pe），共同决定每笔应收账款的最终估值，包括置信区间下的上限估值（Yiv L）和下限估值（Yiv R）。详见图8-11。

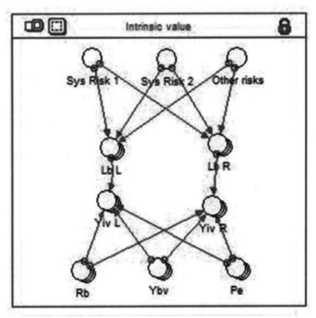

图 8-11　内在价值模型

展示 STELLA 估值模型和复杂关系模型。图 8-12 和图 8-13，分别展示了 STELLA 估值模型和复杂关系模型。相关的分析内容，这里不再赘述，有兴趣的读者，可参阅笔者之前的研究成果。

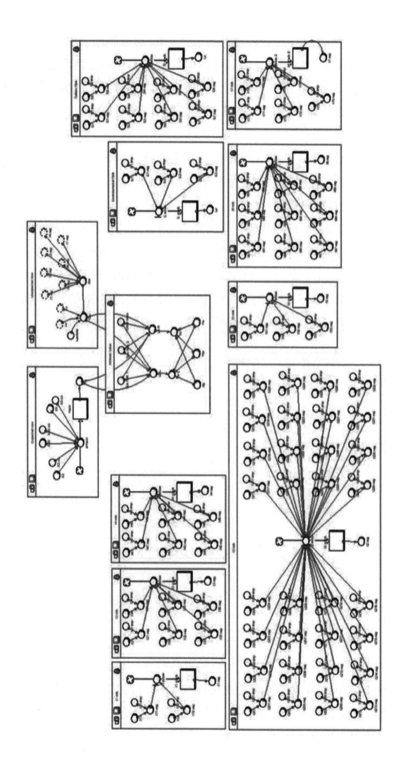

图 8-12 STELLA 估值模型

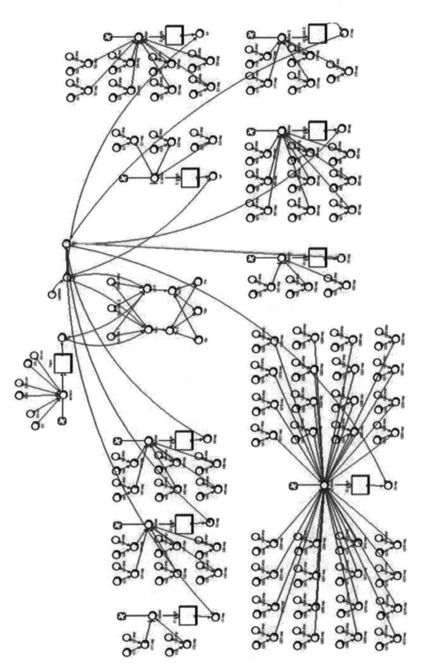

图 8-13　复杂关系模型

8.5.3 基于区块链与本定价技术的应收账款交易仿真平台

前文研发的企业应收账款类信用资产定价模型为企业应收账款转让提供了估值技术支持。为提升与拓展企业应收账款类信用资产定价系统的功能，探讨将研究的定价技术与区块链技术结合起来服务于企业应收账款的转让交易，以提高其安全性、经济性与便利性。

下文开发的企业应收账款类信用资产交易系统主要涉及到区块链应用层开发，通过编写智能合约实现定价交易的流程管控和记录，后期为了提高交易效率和安全性，还可以对核心层做改善，或添加一些必要的中间件。图 8-14 展示了以太坊平台构建的体系架构图。

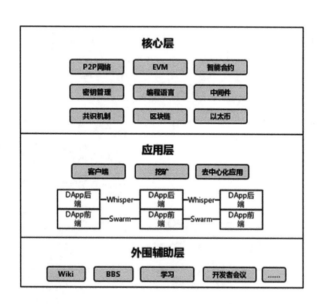

图 8-14 以太坊平台体系架构图

整个交易系统包括应用层、中间件层、平台层、数据或账本、区块链数据层，每层具体模块如图 8-15 所示，用户可通过 IAM（Identity and Access Management）系统验证进入定价系统，同时与其他相关系统进行数据通信。定价系统的嵌入，为企业应收账款类信用资产通过区块链转让交易提供了技术可能。两个系统的融合相得益彰，定价系统为交易提供价格参照标准，交易系统解决了交易安全与便捷问题。

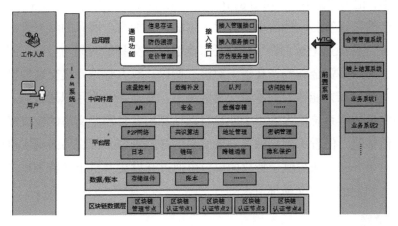

图 8-15　融入应收账款定价的区块链技术系统架构

上图核心部分包括：①卖家：发货，开票；②买家：确认发票，通过链上发行可以交易的数字证书；③卖家：拥有证书，载明：预期支付时间、地点、卖家信息等，或持有到期，或在平台上出售，变成了智能证书；④智能证书买家：提供相关信息。

选择合适的共识机制。共识达成机制包括工作量证明（Proof of Work, POW）机制、权益证明（Proof of Stake, POS）机制、委托授权权益证明（DPOS）机制、瑞波共识（Ripple Consensus, RC）机制、实用拜占庭容错（Practical Byzantine Fault Tolerance, PBFT）机制和恒星共识（Stellar Consensus Protocol, SCP）机制等。根据比较分析，后两种即实用拜占庭容错机制和恒星共识机制比较适合企业应收账款类信用资产的转让与交易。实用拜占庭容错机制，可以在异步网络不保证活跃度的情况下解决拜占庭将军问题，其依靠法定多数原则，少数服从多数，实现拜占庭容错。网络容错上限为33%，尤其是在私有链与联盟链方式下应用 PBFT 的潜力大。恒星共识机制，与 PBFT 算法类似，是基于拜占庭协议改进而成，同样解决了拜占庭容错。SCP 通过节点自行选择仲裁片区，增减节点灵活，网络效率高。网络容错上限为33%。

关于隐私与特权。对分布式总账建立隔离墙，各成员代码共享。建立"沙箱"，各成员共享数据可以看到明文，非共享数据只能看到密文。为满足司法与监管的需要，建立双链模型。所有参与者都能访问分布式账本，记为"链 A"，如图 8-16 所示。把只有中央对手方和特权者能访问的分布式账本，记为"链 B"，如图 8-16 所示。在链 A 上，交易指令以密文出现，用自己的私钥签名，然后用中央对手方的公钥加密。所有的参与者都可以在链 A 上见证这笔被加密了的交易，能够看到交易的时间与金额。同时，因为交易需要资金和资产在链上对流，所以，双方都需要提交这种格式的交易指令，双方能够看到本笔交易的细节。普通参与者可以通过附在链 A 上的定价估值系统输入若干个变量自动估算出各自需要交易的应收账款内在价值估值，但看不到别的参与者交易的详细细节，即交易的真实价格。中央对手方和被法律赋予特权的单位可通过开设在 B 链上的特别账户，看到链 A 发起的所有交易细节。

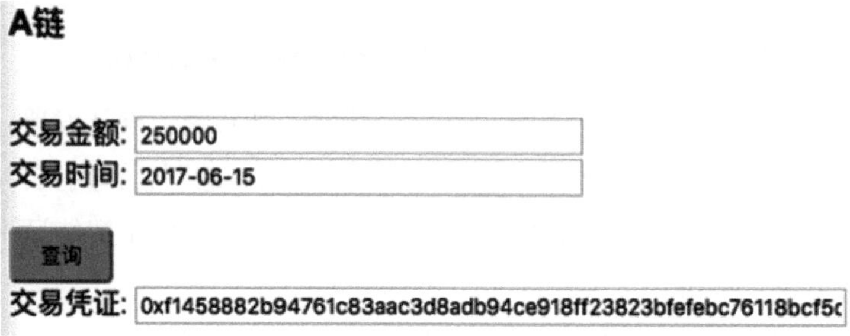

A链

交易金额: 250000
交易时间: 2017-06-15

查询

交易凭证: 0xf1458882b94761c83aac3d8adb94ce918ff23823bfefebc76118bcf5c

图 8-16 所有参与者可见的 A 链

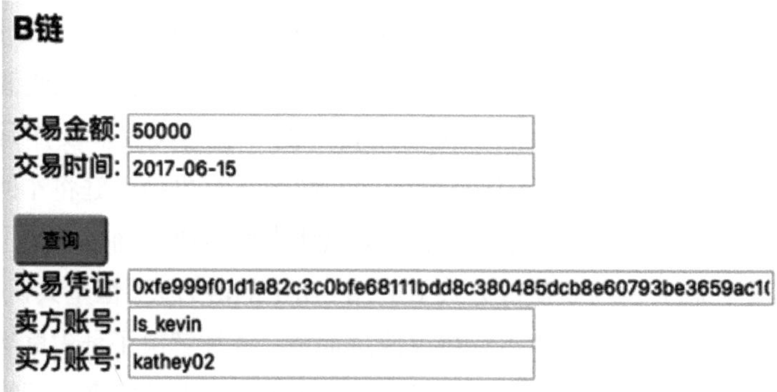

B链

交易金额: 50000
交易时间: 2017-06-15

查询

交易凭证: 0xfe999f01d1a82c3c0bfe68111bdd8c380485dcb8e60793be3659ac1(
卖方账号: ls_kevin
买方账号: kathey02

图 8-17 中央对手方和特权拥有者可见的 B 链

安全防范与仿真平台。引入企业应收账款类信用资产定价系统的交易，其智能合约的表达能力强大（图灵完备），但需要相应做好其局限性（如停机问题的不可判定性）的防范。需要掌控资源控制机制，保护虚拟机运行安全，精准计量智能合约对虚拟机资源的消耗，把有限资源用到有价值的服务。可放弃数字货币的原生激励机制，"挖矿"只需要实现维护总账这一单一目的。考虑到原生数字货币业务逻辑复杂，为防止不测，保留代码，通过参数设置将原生数字货币与资源控制功能脱钩。按需引入锚定法币的代币充当"结算币"，以提升实时逐笔结算和交易后清算交收的处理效率，建设数字社区生态。

交易系统的核心是智能合约，通过编写智能合约实现整个定价系统的业务逻辑。当智能合约完成，并被部署时，系统将这一操作看成是一种交易，产生第一个区块，并生成合约的地址，这个过程中会消耗一定费用，如图8-18所示。

```
Transaction: 0x30482691dae57446cccc4a8e11e2a5918f91a6462234962e3d12e4255b86aa34
Contract created: 0x2a63db5aaddaa2fc38e4d43fd613539ed5adc0fc
Gas usage: 0x028075
Block Number: 0x01
Block Time: Thu Jun 15 2017 19:18:31 GMT+0800 (CST)
```

图 8-18　部署智能合约的区块信息

当合约部署成功，启动服务便可以为用户提供相应服务。每当进行一次交易，都会生成新的区块，如图8-19所示，记录了当前区块生成后的信息，包括交易哈希值、消耗的交易费、区块编号和区块产生时间等。

```
Transaction: 0xf1458882b94761c83aac3d8adb94ce918ff23823bfefebc76118bcf5d97abc94
Gas usage: 0xc51f
Block Number: 0x06
Block Time: Thu Jun 15 2017 19:58:58 GMT+0800 (CST)
```

图 8-19　交易过程中产生的区块

整个过程如下图所示：

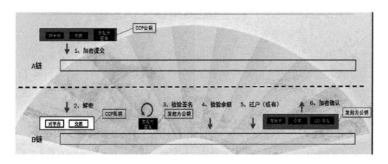

图 8-20　基于区块链技术的应收账款交易仿真平台

本节内容扼要展示了作者之前的研究成果，个中研究成果个别的或已过时。作者主要用意在于，启迪读者认识复杂性科学在经济系统中应用。

8.5.4 复杂经济学知识点

复杂经济学特别强调使用计算机科学。计算机科学是复杂经济学研究不可或缺的技能，有了它，就能够从事大量的计算分析和进行计算机仿真研究，这样对系统的研究更为直观。

复杂经济学特别喜欢拥抱新技术。如今的新技术，如区块链技术、机器学习、人工智能等，为复杂经济系统研究人员喜闻乐见和应用。

复杂经济学为了创新对试错持宽容态度。面对复杂的经济系统，需要展开创新性研究。创新就意味着有可能失败，所以，复杂经济学对创新性研究持开放的容错机制。

关键词

应收账款 信用资产定价模型 应收账款账龄 坏账准备金
流动资产 损失概率 资产负债率 流动比率 保理公司
帕累托最优管理 广义货币量（M2） 区块链技术 利润最优模型
软计算方法 目标函数 变分学 欧拉—拉格朗日方程 哈密顿函数
静态最优化 动态最优化 波尔扎问题 泛函 内在价值 账面价值
市场价值 估计值 真值 人造系统 BEST 模型 无风险利率
多目标优化 鲁棒优化 双层优化 避险参数 久期 STELLA 软件
应用层 中间件层 平台层 区块链数据层 工作量证明
拜占庭容错 分布式账本 仿真平台 图灵完备 容错机制

后 记

"有志不在年高。"一不小心，我已经快到了法定的退休年龄。回首过去，我一直不忘学习，坚持学习，以实际行动践行做一名终身学习者。早在 10 年前，我就想写这本专著，缘于我在天津大学攻读系统工程专业博士时。彼时，我修了天津大学贺国光教授《系统科学与系统工程总论》、南国芳教授《软计算方法》、陈卫东教授《复杂系统与综合集成》、唐万生教授《系统工程新进展》，以及在导师马军海教授的指导下完成了博士论文。自那时起，我深感复杂性科学和复杂系统工程对中国乃至世界太重要了，难怪早年敬爱的周恩来总理也如此重视这项工作。史料报道，20 世纪 70 年代中期，在一次汇报中，钱学森曾向病中的周恩来总理介绍了系统工程的方法，周总理听后认为这个方法很好，很多领域都可以采用。改革开放之初，系统工程这一方法再次被提起，并得到决策层的重视。很快，国务院有关领导就请钱学森前去做报告，主题就是如何用系统工程的方法管理经济，在宏观政策的制定中用数学定量分析的方法为决策提供科学依据。

"十年磨一剑。"这 10 来年，我一直琢磨如何将复杂性科学应用到经济系统中去。这期间，我利用各种机会向很多老师、朋友、同学、同事等请教和切磋类似问题，譬如：中国科学院数学与系统科学研究院高翔博士、山东科技大学辛宝贵教授、天津工业大学张芳副教授、天津师范大学吴芳副教授、武汉纺织大学马小刚副教授、山东师范大学娄万东副教授、商务部国际贸易经济合作研究院朱福林副研究员，在此不一一枚举。教学相长，2019 年，我在首都经贸大学信息学院为博士生开设了类似课程；2022 年，我在商务部国际贸易经济合作研究院为研究生开设了相关课程。在与博士生、硕士生交流过程中，我也产生了新的思想火花。感谢博士生刘澎、张煜炜、马凡慧等人，感谢硕士生张斌、王柏文、孙汇林等人。感谢中国商务出版社副编审张高平和责任编辑郭舒怡对本专著的付出。我理解，复杂经济学的本质就是复杂性科学在经济系统中应用。如今，这本专著从构思到付梓，历经 10 余年，终于和读者见面了。我有自知之明，这把"剑"不算"霜刃"，但作为科普读物应还算基本称职，也算是本人对经济学和人类社会的微小贡献吧。

期望读者宽容对待复杂经济学。复杂经济思想古来有之，复杂经济学才刚刚兴起。不少人包括个别领导干部和学者，对何为系统、何为经济系统、何为复杂经济系统可能也是一知半解。所以，社会亟须普及这方面的知识。另外，很多人尤其是专业人士对复杂经济学的争议也不少，期望以宽容的心态，对待年轻的复杂经济学，支持探索与争鸣。

特别感谢义乌出众饰品配件有限公司和瑞森（光泽）文旅投资开发有限公司对本书出版的资助，期望黄泽斌先生和王一帆先生前程似锦、事业辉煌。

徐德顺

2024 年 9 月于北京

参考文献

[1] 陈平．文明分岔、经济混沌和演化经济动力学 [M]. 北京：北京大学出版社,2004.

[2] 狄增如,陈晓松．复杂系统科学研究进展 [J]. 北京师范大学学报（自然科学版）,2022,58(03):371-381.

[3] 郭雷．系统学是什么 [J]. 系统科学与数学,2016,36(03):291-301.

[4] 张江华,陈中飞,任之光,等．复杂性科学及其在经济领域中的资助和研究进展 [J]. 管理科学学报,2020,23(11):117-126.

[5] 梁冰,许文立．欧洲央行量化宽松政策对中国宏观经济波动的溢出效应：基于 GVAR 模型的"双循环"传导机制检验 [J]. 保险研究,2022,(06):3-24.

[6] 潘高远,陈璋．扩大进口、收入冲击与扩大内需：基于国家间投入产出模型的分析 [J]. 宏观经济研究,2020,(05):52-67.

[7] 朱琪,陈乐优．神经经济学和神经管理学的前沿 [J]. 经济学家,2007,(04):26-30.

[8] 徐德顺．世界是不平的：基于当代国际经贸与金融热点问题思考 [M]. 北京：中国商务出版社,2023.

[9] 徐德顺,马军海．基于 BEST 定价模型与区块链技术的企业应收账款交易系统 [J]. 天津大学学报（自然科学与工程技术版）,2018,51(04):433-441.

[10] 徐德顺,马军海．企业应收账款类信用资产管理研究 [J]. 宏观经济研究,2018,(01):129-145+155.

[11] 徐德顺．企业应收账款类信用资产定价模型及复杂系统动力学研究 [D]. 天津大学,2017.

[12]Arthur, W.B. Foundations of complexity economics. Nature reviews physics, vol. 3, 136-145 (2021). https://doi.org/10.1038/s42254-020-00273-3.

[13]D. Xu and J. Ma. The Credit Asset of Enterprises Accounts Receivable Pricing Model [J]. Complexity, ID 9695212, 2018.